MAURICE ROLLINAT

DANS

LES BRANDES

POÈMES ET RONDELS

AVEC UN PORTRAIT DE L'AUTEUR

PAR JULES NEIGE

REPRODUIT PAR DUJARDIN

PARIS

G. CHARPENTIER ET Cⁱᵉ, ÉDITEURS

13, RUE DE GRENELLE-SAINT-GERMAIN, 13

1883

DANS

LES BRANDES

POÈMES ET RONDELS

Paris. — Imp. E. Capiomont et V. Renault, rue des Poitevins, 6.

MAURICE ROLLINAT

DANS
LES BRANDES

POÈMES ET RONDELS

AVEC UN PORTRAIT DE L'AUTEUR

PAR JULES NEIGE

REPRODUIT PAR DUJARDIN

PARIS

G. CHARPENTIER ET Cie, ÉDITEURS

13, RUE DE GRENELLE-SAINT-GERMAIN, 13

1883

Tous droits réservés

A LA MÉMOIRE

DE

GEORGE SAND

JE DÉDIE

CES PAYSAGES DU BERRY

M. R.

I

FUYONS PARIS

O ma si fragile compagne,
Puisque nous souffrons à Paris,
Envolons-nous dans la campagne
Au milieu des gazons fleuris.

Loin, bien loin des foules humaines,
Où grouillent tant de cœurs bourbeux.
Allons passer quelques semaines
Chez les peupliers et les bœufs.

Fuyons les viles courtisanes
Aux flancs de marbre, aux doigts crochus,
Viens ! nous verrons des paysannes
Aux seins bombés sous les fichus.

Nos boulevards seront des plaines
Où le seigle ondoie au zéphir,
Et des clairières toutes pleines
De fleurs de pourpre et de saphir.

En buvant le lait d'une ânesse
Que tu pourras traire en chemin
Tu rafraîchiras ta jeunesse
Et tu lui rendras son carmin.

Dans les halliers, sous la ramure,
Douce rôdeuse au pied mignon,
Tu t'en iras chercher la mûre,
La châtaigne et le champignon.

Les fruits qu'avidement tu guignes,
Va ! laisse-les aux citadins !
Nous, nous irons manger des guignes
Au fond des rustiques Édens.

Au village, on a des ampoules,
Mais, aussi, l'on a du sommeil.
Allons voir picorer les poules
Sur les fumiers pleins de soleil.

Sous la lune, au bord des marnières,
Entre des buissons noirs et hauts,
La carriole dans les ornières
A parfois de si doux cahots !

J'aime l'arbre et maudis les haches !
Et je ne veux mirer mes yeux
Que dans la prunelle des vaches,
Au fond des prés silencieux !

Si tu savais comme la muse
M'emplit d'un souffle virginal,
Lorsque j'entends la cornemuse
Par un crépuscule automnal !

Paris, c'est l'enfer ! — sous les crânes,
Tous les cerveaux sont desséchés !
Oh ! les meunières sur leurs ânes
Cheminant au flanc des rochers !

Oh ! le vol des bergeronnettes,
Des linottes et des piverts !
Oh ! le cri rauque des rainettes
Vertes au creux des buissons verts !

Mon âme devient bucolique
Dans les chardons et les genêts,
Et la brande mélancolique
Est un asile où je renais.

Sans fin, Seine cadavéreuse,
Charrie un peuple de noyés !
Nous, nous nagerons dans la Creuse,
Entre des buis et des noyers !

Près d'un petit lac aux fleurs jaunes
Hanté par le martin-pêcheur,
Nous rêvasserons sous les aunes,
Dans un mystère de fraîcheur.

Fuyons square et bois de Boulogne !
Là, tout est artificiel !
Mieux vaut une lande en Sologne,
Grisâtre sous l'azur du ciel !

Si quelquefois le nécrophore
Fait songer au noir fossoyeur,
Le pic au bec long qui perfore
Est un ravissant criailleur.

Sommes-nous blasés sans ressource ?
Non, viens ! nous serons attendris
Par le murmure de la source
Et la chanson de la perdrix.

Le pauvre agneau que l'homme égorge
Est un poëme de douceur;
Je suis l'ami du rouge-gorge
Et la tourterelle est ta sœur !

Quand on est las de l'imposture
De la perverse humanité,
C'est aux sources de la nature
Qu'il faut boire la vérité.

L'éternelle beauté, la seule,
Qui s'épanouit sur la mort,
C'est Elle ! la Vierge et l'Aïeule
Toujours sans haine et sans remord !

Aux champs, nous calmerons nos fièvres,

Et mes vers émus, que tu bois,

Jailliront à flots de mes lèvres,

Dans la pénombre des grands bois.

Viens donc, ô chère créature !

Paris ne vaut pas un adieu !

Partons vite et, dans la nature,

Grisons-nous d'herbe et de ciel bleu !

II

A TRAVERS CHAMPS

Hors de Paris, mon cœur s'élance.
Assez d'enfer et de démons :
Je veux rêver dans le silence
Et dans le mystère des monts.

Barde assoiffé de solitude
Et bohémien des guérets,
J'aurai mon cabinet d'étude
Dans les clairières des forêts.

Et là, mes vers auront des notes
Aussi douces que le soupir
Des rossignols et des linottes
Lorsque le jour va s'assoupir.

Parfumés d'odeurs bocagères,
Ensoleillés d'agreste humour,
Ils auront, comme les bergères,
L'ingénuité dans l'amour.

M'y voici : la campagne est blonde,
L'horizon clair et le ciel bleu.
La terre est sereine, — et dans l'onde
Se mire le soleil en feu !

Là, fuyant code et procédure,
Mon pauvre père, chaque été,
Venait prendre un bain de verdure,
De poésie et de santé.

Là, plus qu'ailleurs, pour ma tendresse,
Son souvenir est palpitant;
Partout sa chère ombre se dresse,
Dans ce pays qu'il aimait tant!

Sous le chêne aux branches glandées,
Il me vient un souffle nouveau,
Et les rimes et les idées
Refleurissent dans mon cerveau.

Je revois l'humble silhouette
De la maison aux volets verts,
Avec son toit à girouette
Et ses murs d'espaliers couverts;

Le jardin plein de rumeurs calmes
Où l'arbre pousse vers l'azur,
Le chant multiple de ses palmes
Qui frissonnent dans un air pur;

Les petits carrés de légumes
Bordés de lavande et de buis,
Et les pigeons lustrant leurs plumes
Sur la margelle du vieux puits.

Plus de fâcheux, plus d'hypocrites !
Car je fréquente par les prés
Les virginales marguerites
Et les coquelicots pourprés.

Enfin ! je nargue l'attirance
Épouvantable du linceul,
Et je bois un peu d'espérance
Au ruisseau qui jase tout seul.

Je marche enfin le long des haies,
L'âme libre de tout fardeau,
Traversant parfois des saulaies
Où sommeillent des flaques d'eau.

Ami de la vache qui broute,
Du vieux chaume et du paysan,
Dès le matin je prends la route
De Châteaubrun et de Crozan.

Dans l'air, les oiseaux et les brises
Modulent de vagues chansons;
A mon pas les pouliches grises
Hennissent au bord des buissons.

Tandis qu'au fond des luzernières,
Jambes aux fers, tête au licou,
Les vieilles juments poulinières
Placidement lèvent le cou.

Le lézard, corps insaisissable
Où circule du vif-argent,
Promène au soleil sur le sable
Sa peau verte au reflet changeant:

Dans les pacages d'un vert sombre,
Où, çà et là, bâillent des trous,
Sous les ormes, couchés à l'ombre,
L'œil mi-clos, songent les bœufs roux.

Dressant leur tête aux longues cornes,
Parfois les farouches taureaux
Poussent, le long des étangs mornes,
Des mugissements gutturaux.

Sur les coteaux et sur les pentes,
Aux environs d'un vieux manoir,
Je revois les chèvres grimpantes,
Les moutons blancs et le chien noir.

Debout, la bergère chantonne
D'une douce et traînante voix
Une complainte monotone,
Avec son fuseau dans les doigts.

Et je m'en reviens à la brune
Tout plein de calme et de sommeil,
Aux rayons vagues de la lune,
Ce mélancolique soleil !

III

LA LUNE

La lune a de lointains regards
Pour les maisons et les hangars
Qui tordent sous les vents hagards
    Leurs girouettes ;
Mais sa lueur fait des plongeons
Dans les marais peuplés d'ajoncs
Et flotte sur les vieux donjons
    Pleins de chouettes !

Elle fait miroiter les socs
Dans les champs, et nacre les rocs
Qui hérissent les monts, par blocs
    Infranchissables ;
Et ses chatoiements délicats
Près des gaves aux sourds fracas
Font luire de petits micas
    Parmi les sables !

Avec ses lumineux frissons
Elle a de si douces façons
De se pencher sur les buissons
    Et les clairières !
Son rayon blême et vaporeux
Tremblote au fond des chemins creux
Et rôde sur les flancs ocreux
    Des fondrières.

Elle promène son falot
Sur la forêt et sur le flot
Que pétrit parfois le galop
    Des vents funèbres ;
Elle éclaire aussi les taillis
Où, cachés sous les verts fouillis,
Les ruisseaux font des gazouillis
    Dans les ténèbres.

Elle argente sur les talus
Les vieux troncs d'arbres vermoulus
Et rend les saules chevelus
    Si fantastiques,
Qu'à ses rayons ensorceleurs,
Ils ont l'air de femmes en pleurs
Qui penchent au vent des douleurs
    Leurs fronts mystiques.

En doux reflets elle se fond
Parmi les nénuphars qui font
Sur l'étang sinistre et profond
 De vertes plaques ;
Sur la côte elle donne aux buis
Des baisers d'émeraude, et puis
Elle se mire dans les puits
 Et dans les flaques !

Et, comme sur les vieux manoirs,
Les ravins et les entonnoirs,
Comme sur les champs de blés noirs
 Où dort la caille,
Elle s'éparpille ou s'épand,
Onduleuse comme un serpent,
Sur le sentier qui va grimpant
 Dans la rocaille !

Oh ! quand, tout baigné de sueur,

Je fuis le cauchemar tueur,

Tu blanchis avec ta lueur

    Mon âme brune ;

Si donc, la nuit, comme un hibou,

Je vais rôdant je ne sais où,

C'est que je t'aime comme un fou,

    O bonne Lune !

Car, l'été, sur l'herbe, tu rends

Les amoureux plus soupirants,

Et tu guides les pas errants

    Des vieux bohèmes :

Et c'est encore ta clarté,

O reine de l'obscurité,

Qui fait fleurir l'étrangeté

    Dans mes poèmes !

IV

LA PETITE COUTURIÈRE

Elle s'en vient à travers champs,
Le long des buissons qui renaissent
Pleins de murmures et de chants ;
Elle s'en vient à travers champs.
Là-bas, sur les chaumes penchants.
Mes yeux amis la reconnaissent.
Elle s'en vient à travers champs.
Le long des buissons qui renaissent.

Elle arrive et dit ses bonjours
Sans jamais oublier la bonne :
Timidement, comme toujours.
Elle arrive et dit ses bonjours.
C'est l'ange de bien des séjours.
Elle est si jolie et si bonne !
Elle arrive et dit ses bonjours.
Sans jamais oublier la bonne.

La voilà donc tirant son fil,
Assise devant la croisée !
Délicieuse de profil.
La voilà donc tirant son fil.
Aux rayons d'un soleil d'avril
La vitre miroite irisée.
La voilà donc tirant son fil,
Assise devant la croisée :

Ses doigts rompus aux longs fuseaux,
Coudraient une journée entière.
Ils sont vifs comme des oiseaux
Ses doigts rompus aux longs fuseaux.
Comme ils manœuvrent les ciseaux
Qui pendent sur sa devantière !
Ses doigts rompus aux longs fuseaux
Coudraient une journée entière.

Elle sait couper un gilet
Dans une vieille redingote,
Et ravauder un mantelet ;
Elle sait couper un gilet.
Pour la boutonnière et l'ourlet,
Que de tailleurs elle dégote !
Elle sait couper un gilet
Dans une vieille redingote !

Elle coud du vieux et du neuf,
Elle repasse et rapiécette,
Draps de coton et draps d'Elbeuf,
Elle coud du vieux et du neuf.
Comme elle fait courir son œuf
De bois peint dans une chaussette !
Elle coud du vieux et du neuf,
Elle repasse et rapiécette !

Quand le déjeuner est servi,
Ce n'est pas elle qui lambine !
Pour moi, je m'attable ravi,
Quand le déjeuner est servi.
Et nous dévorons à l'envi !
Adieu bouquin ! adieu bobine !
Quand le déjeuner est servi,
Ce n'est pas elle qui lambine,

Enfin! promenades ou jeu!
Sa récréation commence.
Ensemble nous sortons un peu :
Enfin! promenades ou jeu!
— Dans les taillis, sous le ciel bleu,
Le rossignol dit sa romance.
Enfin! promenades ou jeu!
Sa récréation commence.

Nous allons voir les carpillons
Au bord de l'étang plein de rides,
Et que rasent les papillons.
Nous allons voir les carpillons :
Le soleil emplit de rayons
Son beau petit bonnet sans brides.
Nous allons voir les carpillons
Au bord de l'étang plein de rides.

Quand on a rangé le dressoir,
Elle se remet à mes nippes.
Alors, en voilà jusqu'au soir,
Quand on a rangé le dressoir.
Auprès d'elle je vais m'asseoir
Et jaser en fumant des pipes.
Quand on a rangé le dressoir
Elle se remet à mes nippes.

Je lui fais chanter de vieux airs
Qui me rappellent mon enfance,
Quand j'errais par les champs déserts !
Je lui fais chanter de vieux airs.
Et nous causons ! rien dans mes airs,
Ni dans mes termes qui l'offense.
Je lui fais chanter de vieux airs
Qui me rappellent mon enfance.

Ses histoires de revenant
Me font peur! je le dis sans honte.
Je les écoute en frissonnant,
Ses histoires de revenant.
C'est toujours drôle et surprenant,
Les choses qu'elle me raconte :
Ses histoires de revenant
Me font peur! je le dis sans honte.

Et la mignonne disparait
Comme on allume la chandelle !
Elle quitte son tabouret ;
Et la mignonne disparait.
« Bonsoir ! dit-elle, avec regret.
— A bientôt ! ma petite Adèle ! »
Et la mignonne disparait
Comme on allume la chandelle !

V

LE PETIT CHIEN

Caniche étrange, beau Marquis,
Tes poils frisent comme la mousse,
Un œil noir aux regards exquis
Luit dans ta petite frimousse.

Tout fier de ta toison de lin,
Toujours vif et jamais morose,
Tu vas, tapageur et câlin,
Offrant ton museau noir et rose

Ta prunelle parle et sourit
Aussi fine que peu traîtresse.
Oh ! comme elle est pleine d'esprit
Quand tu regardes ta maîtresse !

Ta joie et ton plus cher désir
C'est, devant un bon feu qui flambe,
De sentir sa main te saisir
Quand tu lui grimpes sur la jambe.

Tu te carres svelte et brillant,
Et tu fais frétiller ta queue
Quand elle te noue en riant
Ta petite cravate bleue.

Si tu la vois lire, broder,
Ou bien faire la couturière,
Tu restes sage sans bouder,
L'œil mi-clos et sur ton derrière.

Dans les chambres et dans la cour
Tu la suis, compagnon fidèle,
Et trottinant quand elle court,
Tu ne t'écartes jamais d'elle.

Quand elle veut quitter son toit,
Tu la guettes avec alarmes,
Et lorsqu'elle s'en va sans toi,
Tu gémis, les yeux pleins de larmes.

Mais si tu n'as plus de gaieté
Loin de celle dont tu raffoles,
Comme son retour est fêté
Par tes milles gambades folles !

Sur la table, à tous les repas,
Devant ton maître peu sévère,
Tu fais ta ronde, à petit pas,
Frôlant tout, sans casser un verre.

L'amour ne te fait pas maigrir
Près d'une chienne langoureuse ;
N'ayant aucun mal pour t'aigrir,
Tu trouve l'existence heureuse.

Ton air mignon et goguenard
T'obtient tout ce qui t'affriande,
Et tu croques un gros canard
Après avoir mangé ta viande.

Rien que la patte d'un poulet
T'amuse pendant des semaines,
Et content d'un joujou si laid,
Dans tous les coins tu le promènes.

Bruyant, lorsqu'on te le permet,
Calme, lorsqu'on te le commande,
Ta turbulence se soumet
Sans qu'on use de réprimande.

Aussi ton maitre te sourit
Avec sa gravité si bonne ;
Sa douce femme te chérit,
Et tu fais l'amour de la bonne.

Pour moi, que tu reçois toujours
Avec des yeux si sympathiques,
Je te souhaite de longs jours
Et de beaux rêves extatiques.

Cher petit chien pur et charmant,
De l'amitié vivant emblème,
En moi tu flairas un tourment
Dès que tu vis ma face blême.

Tes aboiements qui sont des voix
M'ont crié : « Courage ! Espérance ! »
Et tes caresses m'ont dit : « Vois !
Je m'associe à ta souffrance ! »

Accepte donc ces pauvres vers
Que t'offre un poète malade,
Et parfois, sur tes coussins verts,
Songe à lui comme à ton Pylade.

VI

LES GARDEUSES DE BOUCS

Près d'un champ de folles avoines
Où, plus rouges que des pivoines.
Ondulent au zéphyr de grands coquelicots.
Elles gardent leurs boucs barbus comme des moines.
Et noirs comme des moricauds.

L'une tricote et l'autre file.
Là-bas, le rocher se profile
Noirâtre et gigantesque entre les vieux donjons,
Et la mare vitreuse où nage l'hydrophile
Reluit dans un cadre de joncs.

Plus loin dort, sous le ciel d'automne,
Un paysage monotone :
Damier sempiternel aux cases de vert cru,
Que parfois un long train fuligineux qui tonne
Traverse, aussitôt disparu.

Les boucs ne songent pas aux chèvres,
Car ils broutent comme des lièvres
Le serpolet des rocs et le thym des fossés ;
Seuls, deux petits chevreaux sautent mutins et mièvres
Par les cheminets crevassés.

Les fillettes sont un peu rousses,

Mais quelles charmantes frimousses,

Et comme la croix d'or sied bien à leurs cous blancs !

Elles ont l'air étrange, et leurs prunelles douces

Décochent des regards troublants.

Pendant que chacune babille,

Un grand chien jaune dont l'œil brille,

L'oreille familière à leur joli patois,

Les caresse, va, vient, s'assied, court et frétille,

Aussi bonhomme que matois.

Et les deux petites gardeuses

S'en vont, lentes et bavardeuses,

Enjambant un ruisseau, débouchant un pertuis,

Et rôdent sans songer aux vipères hideuses

Entre les ronces et les buis.

Or l'odeur des boucs est si forte
Que je m'éloigne ! mais j'emporte
L'agreste souvenir des filles aux yeux verts ;
Et, ce soir, quand j'aurai barricadé ma porte,
Je les chanterai dans mes vers.

VII

MON ÉPINETTE

Jean fait la cour à Jeannette
Dans mon salon campagnard,
Aux sons de mon épinette.

Fou de sa mine finette
Et de son grand œil mignard,
Jean fait la cour à Jeannette

Dont la voix de serinette
Mêle un branle montagnard
Aux sons de mon épinette.

Avec une chansonnette
Au refrain très égrillard
Jean fait la cour à Jeannette.

— Là-bas, plus d'une rainette
Coasse dans le brouillard,
Aux sons de mon épinette.

La lune à la maisonnette,
Sourit, — timide et gaillard,
Jean fait la cour à Jeannette.

Il suit partout la brunette,
De l'étagère au placard,
Aux sons de mon épinette.

Aussi calin que Minette
Qui se pourlèche à l'écart,
Jean fait la cour à Jeannette.

Il effleure sa cornette
D'un baiser ; — puis, sur le tard,
Aux sons de mon épinette,

Pendant que la grande Annette
Endort son petit moutard,
Jean fait la cour à Jeannette
Aux sons de mon épinette.

VIII

LE CHEMIN AUX MERLES

Voici que la rosée éparpille ses perles
Qui tremblent sous la brise aux feuilles des buissons.
— Vague du spleen, en vain contre moi tu déferles !
Car, dans les chemins creux où sifflotent les merles,
Et le long des ruisseaux qui baignent les cressons,
La fraîcheur du matin m'emplit de gais frissons.

Mystérieuse, avec de tout petits frissons,
La rainette aux yeux noirs et ronds comme des perles,
S'éveille dans la flaque, et franchit les cressons,
Pour aller se blottir aux creux des verts buissons,
Et mêler son chant rauque au sifflement des merles.
— Vague du spleen, en vain contre moi tu déferles !

— Vague du spleen, en vain contre moi tu déferles
Sous l'arceau de verdure où passent des frissons,
J'ai pour me divertir le bruit que font les merles,
Avec leur voix aiguë égreneuse de perles !
Et de même qu'ils sont les rires des buissons,
La petite grenouille est l'âme des cressons.

La libellule vibre aux pointes des cressons.
— Vague du spleen, en vain contre moi tu déferles !
Le soleil par degrés attiédit les buissons,
Déjà sur les talus l'herbe a de chauds frissons,
Et les petits cailloux luisent comme des perles ;
La feuillée est alors toute noire de merles !

C'est à qui sifilera le plus parmi les merles !
L'un d'eux, s'aventurant au milieu des cressons,
Bat de l'aile sur l'eau qui s'en égoutte en perles ;
— Vague du spleen, en vain contre moi tu déferles !
Et le petit baigneur fait courir des frissons
Dans la flaque endormie à l'ombre des buissons.

Mais un lent crépuscule embrume les buissons :
Avec le soir qui vient, le sifflement des merles
Agonise dans l'air plein d'étranges frissons ;
Un souffle humide sort de la mare aux cressons :
O spleen, voici qu'à flots dans mon cœur tu déferles !
Toi, nuit ! tu n'ouvres pas ton vaste écrin de perles !

Pas de perles au ciel ! le long des hauts buissons,
Tu déferles, noyant d'obscurité les merles
Et les cressons ! — Je rentre avec de noirs frissons !

IX

LES PETITS TAUREAUX

    Ils ont pour promenoir
    Des vallons verts et mornes.
    Quels prés, matin et soir,
    Ils ont pour promenoir !
    A peine à leur front noir
    On voit poindre les cornes.
    Ils ont pour promenoir
    Des vallons verts et mornes.

Ils ne peuvent rester
Une minute en place.
Où qu'ils soient à brouter,
Ils ne peuvent rester.
Aussi font-ils pester
Le vacher qui se lasse.
Ils ne peuvent rester
Une minute en place.

Autour des grands taureaux
Tous trois font les bravaches !
Quels meuglements ! quels trots
Autour des grands taureaux !
Ils ne sont pas bien gros,
Mais ils courent les vaches !
Autour des grands taureaux,
Tous trois font les bravaches !

Chacun fait plus d'un saut
Sur la génisse blonde.
Pour elle quel assaut !
Chacun fait plus d'un saut.
Elle en a l'air tout sot,
La pauvre pudibonde.
Chacun fait plus d'un saut
Sur la génisse blonde.

Le pauvre petit chien
Fortement les agace.
Il est si bon gardien,
Le pauvre petit chien.
Si tous trois sont très bien,
Avec plus d'une agace
Le pauvre petit chien
Fortement les agace.

Il est estropié
Par les coups qu'il attrape,
A toute heure épié,
Il est estropié.
De la tête et du pied
C'est à qui d'eux le frappe.
Il est estropié
Par les coups qu'il attrape.

Quand ils sont altérés
Ils vont boire à la Creuse.
Ils s'échappent des prés
Quand ils sont altérés.
Oh ! les doux effarés
Sur la côte pierreuse !
Quand ils sont altérés,
Ils vont boire à la Creuse.

Ils marchent dans les buis,
Lents comme des tortues ;
Sur le bord où je suis
Ils marchent dans les buis.
Leurs pieds n'ont pour appuis
Que des roches pointues ;
Ils marchent dans les buis
Lents comme des tortues.

Moi, je fume, observant
Le liège de ma ligne
Qui bouge si souvent ;
Moi, je fume, observant ;
Eux, vont le mufle au vent,
La prunelle maligne ;
Moi, je fume, observant
Le liège de ma ligne.

Ils s'arrêtent fourbus
Sous l'orme ou sous le tremble.
Dans les endroits herbus
Ils s'arrêtent fourbus.
Joignant leurs nez camus
Ils se lèchent ensemble.
Ils s'arrêtent fourbus
Sous l'orme ou sous le tremble.

A vous ces triolets
Que j'ai faits sur la brande !
Chers petits bœufs follets,
A vous ces triolets.
Aux prés ruminez-les.
La saveur en est grande :
A vous ces triolets
Que j'ai faits sur la brande.

Oh ! quel charme ! C'était

Par une nuit d'automne ;

Le grillon chuchotait.

Oh ! quel charme c'était !

L'étang brun reflétait

La lune monotone.

Oh ! quel charme ! C'était

Par une nuit d'automne !

X

LA MARE AUX GRENOUILLES

Cette mare, l'hiver, devient inquiétante,
Elle s'étale au loin sous le ciel bas et gris,
Sorte de poix aqueuse, horrible et clapotante,
Où trempent les cheveux des saules rabougris.

La lande tout autour fourmille de crevasses,
L'herbe rare y languit dans des terrains mouvants,
D'étranges végétaux s'y convulsent, vivaces,
Sous le fouet invisible et féroce des vents :

Les animaux transis, que la rafale assiège,
Y râlent sur des lits de fange et de verglas,
Et les corbeaux — milliers de points noirs sur la neige —
Les effleurent du bec en croassant leur glas.

Mais la lande, l'été, comme une tôle ardente,
Rutile en ondoyant sous un tel brasier bleu,
Que l'arbre, la bergère et la bête rôdante
Aspirent dans l'air lourd des effluves de feu.

Pourtant, jamais la mare aux ajoncs fantastiques
Ne tarit. Vert miroir tout encadré de fleurs
Et d'un fourmillement de plantes aquatiques,
Elle est rasée alors par les merles siffleurs.

Aux saules, aux gazons que la chaleur tourmente,
Elle offre l'éventail de son humidité,
Et, riant à l'azur, — limpidité dormante, —
Elle s'épanouit comme un lac enchanté.

Or, plus que les brebis, vaguant toutes fluettes
Dans la profondeur chaude et claire du lointain,
Plus que les papillons, fleurs aux ailes muettes,
Qui s'envolent dans l'air au lever du matin,

Plus que l'Ève des champs, fileuse de quenouilles,
Ce qui m'attire alors sur le vallon joyeux,
C'est que la grande mare est pleine de grenouilles,
— Bon petit peuple vert qui réjouit mes yeux. —

Les unes : père, mère, enfant mâle et femelle,
Lasses de l'eau vaseuse à force de plongeons,
Par sauts précipités, grouillantes, pêle-mêle,
Friandes de soleil, s'élancent hors des joncs ;

Elles s'en vont au loin s'accroupir sur les pierres,
Sur les champignons plats, sur les bosses des troncs,
Et clignotent bientôt leurs petites paupières
Dans un nimbe endormeur et bleu de moucherons.

Émeraude vivante au sein des herbes rousses,
Chacune luit en paix sous le midi brûlant ;
Leur respiration a des lenteurs si douces
Qu'à peine on voit bouger leur petit goître blanc.

Elles sont là, sans bruit rêvassant par centaines,
S'enivrant au soleil de leur sécurité ;
Un scarabée errant du bout de ses antennes
Fait tressaillir parfois leur immobilité.

La vipère et l'enfant — deux venins ! — sont pour elles
Un plus mortel danger que le pied lourd des bœufs :
A leur approche, avec des bonds de sauterelles,
Je les vois se ruer à leurs gîtes bourbeux ;

Les autres que sur l'herbe un bruit laisse éperdues,
Ou qui préfèrent l'onde au sol poudreux et dur,
A la surface, aux bords, les pattes étendues,
Inertes hument l'air, le soleil et l'azur.

Ces reptiles mignons qui sont, malgré leur forme,
Poissons dans les marais, et sur la terre oiseaux,
Sautillent à mes pieds, que j'erre ou que je dorme,
Sur le bord de l'étang troué par leurs museaux.

Je suis le familier de ces bêtes peureuses
A ce point que, sur l'herbe et dans l'eau, sans émoi,
Dans la saison du frai qui les rend langoureuses,
Elles viennent s'unir et s'aimer devant moi.

Et près d'elles, toujours, le mal qui me torture,
L'ennui, — sombre veilleur, — dans la mare s'endort ;
Et, ravi, je savoure une ode à la nature
Dans l'humble fixité de leurs yeux cerclés d'or.

Et tout rit : ce n'est plus le corbeau qui croasse
Son hymne sépulcral aux charognes d'hiver :
Sur la lande aujourd'hui la grenouille coasse,
— Bruit monotone et gai claquant sous le ciel clair.

XI

LE CHAMP DE CHARDONS

Le champ fourmille de chardons :
Quel paradis pour le vieil âne !
Adieu bât, sangles et bridons !
Le champ fourmille de chardons.
La brise mêle ses fredons
A ceux de la petite Jeanne !
Le champ fourmille de chardons :
Quel paradis pour le vieil âne !

En chantant au bord du fossé
La petite Jeanne tricote.
Elle songe à son fiancé
En chantant au bord du fossé ;
Son petit sabot retroussé
Dépasse le bout de sa cotte.
En chantant au bord du fossé
La petite Jeanne tricote.

Les brebis vaguent en broutant
Et s'éparpillent sur les pentes
Que longe un tortueux étang.
Les brebis vaguent en broutant.
Le bon vieil âne est si content
Qu'il retrouve des dents coupantes.
Les brebis vaguent en broutant
Et s'éparpillent sur les pentes.

Près de Jeanne, au pied d'un sureau,

La chienne jaune est accroupie.

La chèvre allaite son chevreau

Près de Jeanne, au pied d'un sureau.

La vache rêve ; un grand taureau

Regarde sauter une pie ;

Près de Jeanne, au pied d'un sureau,

La chienne jaune est accroupie.

Le taon fait son bruit de ronfleur,

Et le chardonneret son trille ;

On entend le merle siffleur ;

Le taon fait son bruit de ronfleur.

Parfois, en croquant tige ou fleur,

L'âne, au tronc d'un arbre, s'étrille ;

Le taon fait son bruit de ronfleur,

Et le chardonneret son trille.

J'aperçois les petits cochons
Avec leur joli groin rose
Et leur queue en tire-bouchons.
J'aperçois les petits cochons !
Ils frétillent si folichons
Qu'ils amusent mon œil morose.
J'aperçois les petits cochons
Avec leur joli groin rose !

Le baudet plein de nonchaloir
Savoure l'âpre friandise ;
Il est réjouissant à voir
Le baudet plein de nonchaloir !
Sa prunelle de velours noir
Étincelle de gourmandise.
Le baudet plein de nonchaloir
Savoure l'âpre friandise.

Le soleil dort dans les cieux gris
Au monotone tintamarre
Des grenouilles et des cris-cris.
Le soleil dort dans les cieux gris.
Les petits saules rabougris
Écoutent coasser la mare ;
Le soleil dort dans les cieux gris
Au monotone tintamarre.

Au loin, sur le chemin de fer,
Un train passe, gueule enflammée :
On dirait les chars de l'enfer
Au loin, sur le chemin de fer :
La locomotive, dans l'air,
Tord son panache de fumée !
Au loin, sur le chemin de fer
Un train passe, gueule enflammée :

XII

LE PETIT FANTÔME

J'habite l'Océan,
Les joncs des marécages,
Les étranges pacages
Et le gouffre béant.

Je plonge sous les flots,
Je danse sur la vague,
Et ma voix est si vague
Qu'elle échappe aux échos.

Je sonde les remous
Et, sur le bord des mares,
Je fais des tintamarres
Avec les crapauds mous.

Je suis dans les gazons
Les énormes vipères,
Et dans leurs chauds repaires
J'apporte des poisons.

Je sème dans les bois
Les champignons perfides ;
Quand je vois des sylphides,
Je les mets aux abois.

J'attire le corbeau
Vers l'infecte charogne,
J'aime que son bec rogne
Ce putride lambeau.

Je ris quand le follet
Séduit avec son leurre
L'enfant perdu qui pleure
De se voir si seulet.

Je vais dans les manoirs
Où le hibou m'accueille ;
J'erre de feuille en feuille
Au fond des halliers noirs.

Mais, malgré mon humour
Satanique et morose,
Je vais baiser la rose
Tout palpitant d'amour.

Les nocturnes parfums
Me jettent leurs bouffées ;
Je hais les vieilles fées
Et les mauvais défunts.

La forêt me chérit,
Je jase avec la lune ;
Je folâtre dans l'une
Et l'autre me sourit.

La rosée est mon vin.
Avec les violettes
Je bois ses gouttelettes
Dans le fond du ravin.

Quelquefois j'ose aller
Au fond des grottes sourdes;
Et sur les brumes lourdes
Je flotte sans voler.

A moi le loup rôdant
Et les muets cloportes !
Les choses qu'on dit mortes
M'ont pris pour confident.

Quand les spectres blafards
Rasent les étangs mornes,
J'écoute les viornes
Parler aux nénuphars.

Invisible aux humains,
Je suis les penseurs chauves
Et les poètes fauves
Vaguant par les chemins.

Quand arrive minuit,
Je dévore l'espace,
Dans l'endroit où je passe
On n'entend pas de bruit.

Mais lorsque le soleil
Vient éclairer la terre,
Dans les bras du mystère
Je retourne au sommeil.

XIII

LA CONFIDENCE

Tu me disais hier avec un doux sourire :
« Oh! oui! puisqu'il est vrai que mon amour t'inspire,
    « Je m'en vais t'aimer plus encor!
« Que pour toujours alors, poëte qui m'embrases,
« La fleur de l'idéal embaume tes extases
    « Dans un brouillard de nacre et d'or! »

— Et moi, je savourais tes paroles sublimes,
Mon âme s'envolait dans les airs, sur les cimes,
      Et l'énigme se dévoilait.
L'étang pour ma pensée étoilait ses eaux mornes,
Et fraternellement la stupeur des viornes
      Avec la mienne se mêlait.

Alors, je comprenais le mystère des choses.
Ce verbe de parfums que chuchotent les roses
      Vibrait tendre dans mes douleurs ;
Ce qui pleure ou qui rit, ce qui hurle ou qui chante,
Tout me parlait alors d'une voix si touchante
      Que mes yeux se mouillaient de pleurs.

Le bœuf languissamment étendu près d'un saule
Et clignant ses grands yeux en se léchant l'épaule
      Qu'ont fait saigner les aiguillons ;
Les veaux effarouchés, trottant par les pelouses
Où viennent folâtrer, sur l'or bruni des bouses,
      Libellules et papillons ;

Le poulain qui hennit avec des bonds superbes
Auprès de la jument paissant les hautes herbes,
    Les grillons dans le blé jauni ;
Le soleil s'allumant rouge dans les bruines
Et baignant de clartés sanglantes les ruines
    Où la chouette fait son nid ;

L'ânon poilu tétant sa nourrice qui broute,
La pie aux yeux malins sautillant sur la route,
    L'aspic vif et les crapauds lourds,
Le chien, la queue au vent, et l'œil plein de tendresse,
Approchant son museau de mes doigts qu'il caresse
    Avec sa langue de velours ;

Les ruisseaux hasardeux, les côtes, les descentes,
Le brin d'herbe du roc, et la flaque des sentes,
    L'arbre qui dit je ne sais quoi ;
La coccinelle errant dans la fraîcheur des mousses ;
Parfum, souffle, musique, apparitions douces,
    La nature vivait en moi.

XIV

LA PROMENADE CHAMPÊTRE

Mai, le plus amoureux des mois,
Fleurit et parfume les haies.
Allons-nous-en dans les chênaies,
Égarons-nous au fond des bois !
Cherchons la source et les clairières,
Dormons à l'ombre du bouleau ;
Un bon soleil ami de l'eau
Sourit aux flaques des carrières.

Et tous deux nous nous enfonçons
Dans la campagne! et, champs, prairies,
Brandes, mares et métairies
Tout ça rêve entre les buissons.
Intrigués par notre costume,
Les bœufs, avec un œil dormant
Nous considèrent gravement
En léchant leur mufle qui fume.

Mélancolique et cher pays,
A nous tes petites auberges,
Ta Gargilesse humble et tes berges
Si pleines d'ombre et de fouillis!
Nous deux nous sommes les touristes
Familiers de tes casse-cou,
Et nous adorons le coucou
Qui pleure dans tes bois si tristes.

—Traversons la cour du fermier :
Au fond, le chien dort sous un frêne,
Lentement un crapaud se traine
Horrible et doux sur le fumier.
Ici, la cane barboteuse
Glousse devant un soupirail ;
Là, des bergers frottent leur ail
Sur une croûte raboteuse.

Tiens ! voici venir chevauchant,
Assis sur des sacs de farine,
Le grand Pierre à qui Mathurine
Songe plus d'une fois au champ.
Insoucieux, il se balance,
Jetant sa voix claire à l'écho.
Déhanché sur son bourriquot,
Et tout rempli de nonchalance.

DANS LES BRANDES.

Angélique, au bord du lavoir,
A genoux dans l'herbe et la mousse,
Tape et tord le linge qui mousse.
C'est tout un plaisir de la voir !
Il sonne en vain le battoir jaune,
Les grenouilles n'en ont pas peur.
Dans une sereine torpeur,
Elles songent au pied d'un aune.

Que nous font les terrains vaseux
Puisque chantent les pastourelles,
Et qu'on peut voir dans les nids frêles
Le mystère des petits œufs ?
La pente est rude, mais la roche
Où le pied se pose au hasard
S'émeraude avec le lézard.
Et voici que la Creuse est proche !

Là-bas, Margot jacasse avec
Autant de feu qu'une dévote.
Elle court, sautille et pivote,
Hochant la queue, ouvrant le bec.
Impossible d'être plus drôle !
Elle danse, et va s'amusant
D'un beau petit caillou luisant,
Et d'un brin d'herbe qui la frôle.

Du fond des chemins oubliés
Où notre semelle s'attache,
Nous voyons la vieille patache
Qui roule entre les peupliers.
Quand les coups de fouets aiguillonnent
Les pauvres chevaux courbatus,
Sur les colliers hauts et pointus,
Comme les grelots carillonnent !

Et la hutte en chaume terreux,
Abri des petites bergères,
Est au milieu de ses fougères
Hospitalière aux amoureux.
Dans un mystère délectable,
Las de courir et de causer,
Nous venons nous y reposer,
Sur la paille qui sent l'étable.

XV

LES CHEVEUX

J'aimais ses cheveux noirs comme des fils de jais
Et toujours parfumés d'une exquise pommade,
Et dans ces lacs d'ébène où parfois je plongeais
S'assoupissait toujours ma luxure nomade.

Une âme, un souffle, un cœur vivaient dans ces cheveux
Puisqu'ils étaient songeurs, animés et sensibles.
Moi, le voyant, j'ai lu de bizarres aveux
Dans le miroitement de leurs yeux invisibles.

La voix morte du spectre à travers son linceul,
Le verbe du silence au fond de l'air nocturne,
Ils l'avaient : voix unique au monde que moi seul
J'entendais résonner dans mon cœur taciturne.

Avec la clarté blanche et rose de sa peau
Ils contrastaient ainsi que l'aurore avec l'ombre ;
Quand ils flottaient, c'était le funèbre drapeau
Que son spleen arborait à sa figure sombre.

Coupés, en torsions exquises se dressant,
Sorte de végétal, ayant l'humaine gloire,
Avec leur aspect fauve, étrange et saisissant,
Ils figuraient à l'œil une mousse très noire.

Épars, sur les reins nus, aux pieds qu'ils côtoyaient
Ils faisaient vaguement des caresses musquées ;
Aux lueurs de la lampe ardents ils chatoyaient
Comme en un clair-obscur l'œil des filles masquées.

Quelquefois ils avaient de gentils mouvements
Comme ceux des lézards au flanc d'une rocaille.
Ils aimaient les rubis, l'or et les diamants,
Les épingles d'ivoire et les peignes d'écaille.

Dans l'alcôve où brûlé de désirs éternels
J'aiguillonnais en vain ma chair exténuée,
Je les enveloppais de baisers solennels
Étreignant l'idéal dans leur sombre nuée.

Des résilles de soie où leurs anneaux mêlés
S'enroulaient pour dormir ainsi que des vipères,
Ils tombaient d'un seul bond touffus et crespelés
Dans les plis des jupons, leurs chuchotants repaires.

Aucun homme avant moi ne les ayant humés,
Ils ne connaissaient pas les débauches sordides ;
Virginalement noirs, sous mes regards pâmés
Ils noyaient l'oreiller avec des airs candides.

Quand les brumes d'hiver rendaient les cieux blafards,
Ils s'entassaient, grisés par le parfum des fioles.
Mais ils flottaient l'été sur les blancs nénuphars
Au glissement berceur et langoureux des yoles.

Alors, ils préféraient les bluets aux saphirs,
Les roses au corail et les lys aux opales ;
Ils frémissaient au souffle embaumé des zéphirs
Simplement couronnés de marguerites pâles.

Quand parfois ils quittaient le lit, brûlants et las,
Pour venir aspirer la fraîcheur des aurores,
Ils s'épanouissaient aux parfums des lilas
Dans un cadre chantant d'oiseaux multicolores.

Et la nuit, s'endormant dans la tiédeur de l'air
Si calme, qu'il n'eût pas fait palpiter des toiles,
Ils recevaient ravis, au haut du grand ciel clair,
La bénédiction muette des étoiles.

Mais elle blémissait de jour en jour ; sa chair
Quittait son ossature, atome par atome,
Et navré, je voyais son pauvre corps si cher
Prendre insensiblement l'allure d'un fantôme.

Puis à mesure, hélas ! que mes regards plongeaient
Dans ses yeux qu'éteignait la mort insatiable,
De moments en moments, ses cheveux s'allongeaient
Entraînant par leur poids sa tête inoubliable.

Et quand elle mourut au fond du vieux manoir,
Ils avaient tant poussé pendant son agonie,
Que j'en enveloppai comme d'un linceul noir
Celle qui m'abreuvait de tendresse infinie.

Ainsi donc, tes cheveux furent tes assassins.
Leur perfide longueur à la fin t'a tuée,
Mais, comme aux jours bénis où fleurissaient tes seins,
Dans le fond de mon cœur je t'ai perpétuée.

XVI

LE REMORDS

Plus de brise folle
Sur les talus :
La frivole
Ne vole
Plus !
L'âpre soleil rissole
Les grands fumiers mamelus.

Plus d'oiseau loustic.

Sur le roc rouge

Très à pic

L'aspic

Bouge.

L'homme dévale au bouge,
L'insecte fait son tic tic.

Le bois gigantesque

A la stupeur

D'une fresque.

J'ai presque

Peur !

L'étang par sa torpeur
Est d'un affreux pittoresque.

Et je souffre, hélas!
Jusqu'à la fibre :
Et mon pas
N'est pas
Libre.
Plus une aile qui vibre
Dans l'air où j'entends un glas !

D'êtres nul vestige.
Dans mon linceul
De vertige
Lourd, suis-je
Seul?
Plus courbé qu'un aïeul,
Je marche. — L'étang se fige.

Mon cœur repentant
Dont tu te moques,
O Satan !
Est en
Loques.
Oh ! les noirs soliloques
Que je marmotte en boitant !

Le soleil s'élève
Comme un drap d'or.
L'eau qui rêve
Sans trêve
Dort,
Pendant que le remord
Me taillade avec son glaive.

XVII

LE PACAGE

Couleuvre gigantesque il s'allonge et se tord,
Tatoué de marais, hérissé de viornes,
Entre deux grands taillis mystérieux et mornes
Qui semblent revêtus d'un feuillage de mort.

L'eau de source entretient dans ce pré sans rigole
Une herbe où les crapauds sont emparadisés.
Vert précipice, il a des abords malaisés
Tels, que l'on y descend moins qu'on n'y dégringole.

Ses buissons où rôde un éternel chuchoteur
Semblent faits pour les yeux des noirs visionnaires ;
Chaque marais croupit sous des joncs centenaires
Presque surnaturels à force de hauteur.

A gauche, tout en haut des rocs du voisinage,
Sous un ciel toujours bas et presque jamais bleu,
Au fond de l'horizon si voilé quand il pleut,
Gisent les vieux débris d'un château moyen âge.

Le donjon sépulcral est seul resté debout,
Et, comme enveloppé d'un réseau de bruines,
Sort fantastiquement de l'amas des ruines
Que hantent le corbeau, l'orfraie et le hibou.

A droite, çà et là, sur des rocs, sur des buttes,
Qui surplomblent aussi le bois inquiétant,
Au diable, par delà les landes et l'étang,
S'éparpille un hameau de quinze ou vingt cahutes.

Et ce hameau hideux sur la côte isolé,

Les ténébreux taillis, la tour noire et farouche,

A toute heure et surtout quand le soleil se couche,

Font à ce pré sinistre un cadre désolé.

Aussi l'œil du poète halluciné sans trêve

En boit avidement l'austère étrangeté.

Pour ce pâle voyant ce pacage est brouté

Par un bétail magique et tout chargé de rêve.

Je ne sais quelle horreur se dégage pour eux

De l'herbe où çà et là leurs pelages font taches,

Mais tous, bœufs et taureaux, les juments et les vaches,

Ont un air effaré sous les saules affreux.

Tout enfant je rôdais sous la bise et l'averse

Aux jours de canicule et par les plus grands froids,

Et ce n'était jamais sans de vagues effrois

Que je m'engageais dans un chemin de traverse.

Loin de la cour de ferme où gambadaient les veaux,
Loin du petit hangar où séchaient des bourrées,
J'arpentais à grands pas les terres labourées,
Les vignes et les bois, seul, par monts et par vaux.

En automne surtout, à l'heure déjà froide,
Où l'horizon décroît sous le ciel assombri,
Alors qu'en voletant l'oiseau cherche un abri,
Et que les bœufs s'en vont l'œil fixe et le coup roide ;

J'aimais à me trouver dans ce grand pré, tout seul,
Fauve et mystérieux comme un loup dans son antre,
Et je marchais, ayant de l'herbe jusqu'au ventre,
Cependant que la nuit déroulait son linceul.

Alors au fatidique hou-hou-hou des chouettes,
Aux coax révélant d'invisibles marais,
La croissante pénombre où je m'aventurais
Fourmillait vaguement d'horribles silhouettes.

Puis aux lointains sanglots d'un sinistre aboyeur
Les taureaux se ruaient comme un troupeau de buffles,
Et parfois je frôlais des fanons, et des mufles
Dont le souffle brûlant me glaçait de frayeur.

Et le morne donjon s'en allait en ténèbres,
La haie obscurcissait encor son fouillis,
Et sur les coteaux noirs la cime des taillis
Craquait sous la rafale avec des bruits funèbres !

XVIII

LES BOTTINES D'ÉTOFFE

Dans un bourg de province appelé Saint-Christophe,
Un jour que je rôdais près des chevaux de bois,
Au son désespéré d'un grand orgue aux abois,
J'entrevis tout à coup deux bottines d'étoffe.

L'une semblait dormir sur le frêle étrier,
L'autre bougeait avec une certaine morgue.
A quelque pas, sans trêve, un vieux ménétrier
Se démanchait le bras comme le joueur d'orgue.

Les grincements aigus du violon m'entraient
Dans l'âme, et m'égaraient au fond d'un spleen sans bornes,
Et toujours, toujours les bottines se montraient
Dans le gai tournoiement des petits chevaux mornes.

Pauvres petits chevaux ! roides sous le harnais,
Vertigineusement ils roulaient dans le vague.
Leur maître, un acrobate à l'accent béarnais,
S'essoufflait à crier : « A la bague ! A la bague ! »

Ils me navraient ! J'aurais voulu les embrasser
Et dire à leur bois peint, que je douais d'une âme,
Combien je maudissais le bateleur infâme
Qui se faisait un jeu d'ainsi les harasser.

Mais en vain j'emplissais mes yeux de leurs marbrures,
Et je m'apitoyais sur leur mauvais destin,
Mon regard ne lorgnait, lascif et clandestin,
Que les bottines, dont il buvait les cambrures.

Oh ! comme elles plaquaient sur les doux inconnus
Dont mon rêve léchait l'ensorcelant mystère !
Moules délicieux de pieds frôleurs de terre
Que j'aurais voulu mordre en les voyant tout nus.

Et le ménétrier sciait ses cordes minces
Et celui qui tournait la manivelle, hélas !
De l'orgue poitrinaire effroyablement las
Y cramponnait ses mains, abominables pinces.

Quelle mélancolie amoureuse dans l'air
Et dans mon cœur ! des chants rauques sortaient des bouges,
Un soleil capiteux dardait ses rayons rouges
Qui grisaient lentement les filles à l'œil clair.

Bruits, senteurs, atmosphère, aspect de la cohue
Se ruant à la fête avec des rires mous,
Et des petits chevaux tournant comme un remous,
Jusqu'à l'entrain niais des bourgeois que je hue ;

Toutes ces choses-là sans doute m'obsédaient,
Mais qu'était-ce à côté de ces bottines grises
Dont ma chair et mon âme étaient si fort éprises
Que j'aurais souffleté ceux qui les regardaient ?

Ainsi que d'un écrin gorgé de pierreries,
D'épingles d'or massif, et de gros diamants,
Il en sortait pour moi tant d'éblouissements
Que mon œil effaré nageait dans des féeries.

Elles me piétinaient l'imagination,
Mais avec tant d'amour, qu'ainsi foulé par elles,
J'avais des voluptés presque surnaturelles
Qui m'emportaient en pleine hallucination.

Alors, plus d'acrobate à la figure osseuse,
Plus de foule ! plus rien ! sous les cieux embrasés,
Au milieu d'une extase aromale et berceuse
J'avais pour m'assoupir un hamac de baisers.

Oh ! qui rendra jamais l'attouchement magique
De ces bottines d'ange aux souplesses d'oiseaux ?
Tout ce que la langueur a de plus léthargique
Se mêlait à ma moelle et coulait dans mes os !

Leurs petits bouts carrés me becquetaient les lèvres;
Et leurs talons pointus me chatouillaient le cou ;
Et tout mon corps flambait : délicieuses fièvres
Qui me vaporisaient le sang ! — Quand tout à coup,

La nuit vint embrumer le bourg de Saint-Christophe :
L'orgue et le violon moururent tous les deux ;
Les petits chevaux peints s'arrêtèrent hideux ;
Et je ne revis plus les bottines d'étoffe.

XIX

LE FANTOME D'URSULE

Une nuit, — vous allez bien sûr être incrédule, —
J'étais au coin du feu, lorsqu'en me retournant,
Je vis debout dans l'ombre un hideux revenant.
Minuit sonnait alors à ma vieille pendule.

— « Me reconnais-tu, hein ? » dit-il en ricanant :
Et son ricanement fit un bruit de capsule.
Il ajouta : « je suis le fantôme d'Ursule.
« Je te parlais d'amour jadis, mais maintenant,

« J'aurai, vivant cadavre échappé de ma bière,

« Une loquacité féroce de barbière

« Pour te parler de mort, à travers mon linceul. »

Cela dit, l'être blanc s'enfuit dans les ténèbres.

Et j'entends chaque nuit, lorsque je suis tout seul,

Un long chuchotement de paroles funèbres.

XX

LA NEIGE

Avec ma brune, dont l'amour
N'eut jamais d'odieux manège,
Par la vitre glacée, un jour,
Je regardais tomber la neige.

Elle tombait lugubrement,
Elle tombait oblique et forte.
La nuit venait et, par moment,
La rafale poussait la porte.

Les arbres qu'avait massacrés
Une tempête épouvantable,
Dans leurs épais manteaux nacrés
Grelottaient d'un air lamentable.

Des glaçons neigeux faisaient blocs
Sur la rivière congelée ;
Murs et chaumes semblaient des rocs
D'une blancheur immaculée.

Aussi loin que notre regard
Plongeait à l'horizon sans borne,
Nous voyions le pays hagard
Dans son suaire froid et morne.

Et de la blanche immensité
Inerte, vague et monotone,
De la croissante obscurité,
Du vent muet, de l'arbre atone,

De l'air, où le pauvre oiselet
Avait le vol de la folie,
Pour nos deux âmes s'exhalait
Une affreuse mélancolie.

Et la neige âpre et l'âpre nuit
Mêlant la blancheur aux ténèbres,
Toutes les deux tombaient sans bruit
Au fond des espaces funèbres.

XXI

LA VACHE

Une vache gisait, sombre, la bave au mufle,
Et les yeux imprégnés d'une immense terreur,
Tandis qu'un taureau noir, farouche comme un buffle,
Semblait lui regarder le ventre avec horreur.

Le pacage ! c'était la pénombre béante.
L'arbre y devenait spectre, et le ruisseau marais.
Un ciel jaune y planait sur une herbe géante.
A droite, un vieux manoir — à gauche, des forêts.

Et la vache geignait dans ce lieu fantastique.
On eût dit qu'un pouvoir occulte et magnétique
Élargissait encor ses grands yeux assoupis.

Ma curiosité devint alors féroce,
Et, m'approchant, je vis, — ô nourrisson atroce ! —
Un énorme crapaud qui lui suçait le pis.

XXII

NUIT FANTASTIQUE

Tandis que dans l'air lourd les follets obliques
Vaguent perfidement au-dessus des trous,
Les grands oiseaux de nuit au plumage roux
Poussent lugubrement des cris faméliques,
        Diaboliques
        Sur les houx.

Des carcasses, cohue âpre et ténébreuse,
Dansent au cimetière entre les cyprès ;
Tout un bruissement lointain de forêts
Se mêle au choc des os — plainte douloureuse. —
   Le vent creuse
   Les marais.

Entendez-vous mugir les vaches perdues,
Sur un sol hérissé d'atroces cailloux
Qui percent leurs sabots comme de grands clous ?
Oh ! ces beuglements ! Les pauvres éperdues
   Sont mordues
   Par les loups !

Sous les vents, le bateau qu'enchaîne une corde
Au rivage pierreux crève son vieux flanc.
Le chêne formidable en vain s'essoufflant
Succombe : il faut que sous l'effroyable horde
   Il se torde
   En hurlant.

La nuit a tout noyé, mer ensorcelante,
Berçant le rêve au bord de ses entonnoirs,
La lune, sur l'œil fou des grands désespoirs,
Ne laisse pas filtrer sa lueur parlante.

   O nuit lente !
   O cieux noirs !

XXIII

LA GUEULE

O fatale rencontre ! au fond d'un chemin creux
Se chauffait au soleil, sur le talus ocreux,
Un reptile aussi long qu'un manche de quenouille.
Mais le saut effaré d'une pauvre grenouille
Montrait que le serpent ne dormait qu'à moitié !
Et je laissai, l'horreur étranglant ma pitié,
Sa gueule se distendre et, toute grande ouverte,
Se fermer lentement sur la victime verte.
Puis le sommeil reprit le hideux animal.
La grenouille, c'est moi ! Le serpent, c'est le mal !

XXIV

LES VIEUX CHEVAUX

Je suis plein de respect pour la bête de somme,
Et, pour moi, l'âne maigre et les chevaux poussifs
Marchant devant le maître affreux qui les assomme,
Sont de grands parias, résignés et pensifs.

Aux champs, dans leur jeunesse, aussi dodus qu'ingambes,
Ils avaient du foin vert, ils avaient du répit.
Ils traînent maintenant leur vieux corps décrépit,
Le séton au poitrail, et l'écorchure aux jambes.

Ils déferrent leur corne à force de tirer,
Pleins d'ulcères hideux que viennent lacérer
Les lanières du fouet et les mouches féroces.

Et l'homme, ce tyran qu'irrite la douceur,
Les flagelle à deux mains, en hurlant : « Boitez, rosses,
« Mais vous me servirez jusqu'à l'équarisseur ! »

XXV

LE BŒUF

L'œil injecté de sang, le mufle dans l'eau sale,
Un bœuf, à moitié mort de soif et de chaleur,
Penchait sur le trottoir sa tête colossale
Devant un boucher ivre et sourd à sa douleur.

A la fin, il tomba pesamment sur les pierres,
Et, fracassé, vomit dans sa bave trois dents,
Au milieu des lazzis de hideuses tripières
Voyant en lui déjà des intestins pendants.

Affairés et flâneurs, hommes, enfants et femmes,
Heurtant le pauvre bœuf de leurs rires infâmes,
Absorbaient le peu d'air qu'il tâchait de humer ;

Et dans un café sombre, oblong comme une bière,
Ceux qui fument pour boire et boivent pour fumer
Le regardaient mourir en dégustant leur bière.

XXVI

LA RUINE MAUDITE

De tous côtés, la ronce, effroyable broussaille,
Grimpe férocement au long de la muraille.
Sur un long banc de pierre, affreux comme un tombeau,
Mélancoliquement médite un vieux corbeau.
Un grand saule, courbé comme un homme qui souffre,
Baigne ses cheveux verts dans un horrible gouffre
Qui dort plein de mystère et de lents grouillements.
L'eau clapote, et l'on voit de moments en moments
Une forme d'aspic, qui vaguement s'efface,

Parfois entre les joncs bouger à la surface.

Des champignons hideux, suppurant le poison,

Poussent lugubrement aux coins de la maison,

Et le reptile meurt à côté de leur tige.

Un puits, dont l'aspect seul donnerait le vertige,

Ouvre sa large gueule au milieu de la cour.

Un énorme lézard sur la margelle court

Et cherche sous la brume, affolé, presque roide,

Un rayon de soleil pour chauffer sa peau froide.

XXVII

LES ARBRES

Arbres, grands végétaux, martyrs des saisons fauves,
Sombres lyres des vents, ces noirs musiciens,
Que vous soyez feuillus ou que vous soyez chauves,
Le poète vous aime et vos spleens sont les siens.

Quand le regard du peintre a soif de pittoresque,
C'est à vous qu'il s'abreuve avec avidité,
Car vous êtes l'immense et formidable fresque
Dont la terre sans fin pare sa nudité.

De vous un magnétisme étrange se dégage,
Plein de poésie âpre et d'amères saveurs;
Et quand vous bruissez, vous êtes le langage
Que la nature ébauche avec les grands rêveurs.

Quand l'éclair et la foule enflent rafale et grêle,
Les forêts sont des mers dont chaque arbre est un flot,
Et tous, le chêne énorme et le coudrier grêle,
Dans l'opaque fouillis poussent un long sanglot.

Alors, vous qui parfois, muets comme des marbres,
Vous endormez, pareils à des cœurs sans remords,
Vous tordez vos grands bras, vous hurlez, pauvres arbres,
Sous l'horrible galop des éléments sans mors.

L'été, plein de langueurs, l'oiseau clôt ses paupières
Et dort paisiblement sur vos mouvants hamacs,
Vous êtes les écrans des herbes et des pierres
Et vous mêlez votre ombre à la fraîcheur des lacs.

Et quand la canicule, aux vivants si funeste,
Pompe les étangs bruns, miroirs des joncs fluets,
Dans l'atmosphère lourde où fermente la peste,
Vous immobilisez vos branchages muets.

Votre mélancolie, à la fin de l'automne,
Est pénétrante, alors que sans fleurs et sans nids,
Sous un ciel nébuleux où d'heure en heure il tonne,
Vous semblez écrasés par vos rameaux jaunis.

Les seules nuits de mai, sous les rayons stellaires,
Aux parfums dont la terre emplit ses encensoirs,
Vous oubliez parfois vos douleurs séculaires
Dans un sommeil bercé par le zéphyr des soirs.

Une brume odorante autour de vous circule
Quand l'aube a dissipé la nocturne stupeur,
Et, quand vous devenez plus grands au crépuscule,
Le poète frémit comme s'il avait peur.

Sachant qu'un drame étrange est joué sous vos dômes,
Par les bêtes le jour, par les spectres la nuit,
Pour voir rôder les loups et glisser les fantômes,
Vos invisibles yeux s'ouvrent au moindre bruit.

Et le soleil vous mord, l'aquilon vous cravache,
L'hiver vous coud tout vifs dans un froid linceul blanc,
Et vous souffrez toujours jusqu'à ce que la hache
Taillade votre chair et vous tranche en sifflant.

Partout où vous vivez, chênes, peupliers, ormes,
Dans les cités, aux champs, et sur les rocs déserts,
Je fraternise avec les tristesses énormes
Que vos sombres rameaux épandent par les airs.

XXVIII

LE CRAPAUD

O vivante et viqueuse extase
Accroupie au bord des marais,
Pèlerin morne de la vase,
Des vignes et des bruns guérets,

Paria, dont la vue inspire
De l'horreur aux pestiférés,
Crapaud, inconscient vampire
Des vaches sommeillant aux prés;

Infime roi des culs-de-jatte
Écrasé par ta pesanteur,
Sombre forçat tirant la patte
Avec une affreuse lenteur,

A toi que Dieu semble maudire,
A toi, doux martyr des enfants,
Le cœur ému, je viens te dire
Que je te plains et te défends.

Ton pauvre corps, lorsque tu bouges,
Est inquiet et tourmenté,
Et ce qui sort de tes yeux rouges,
C'est une immense humilité.

Je t'aime, monstre épouvantable,
Que j'ai vu grimpant l'autre soir,
Avec un effort lamentable,
Dans l'épaisseur du buisson noir.

Loin de l'homme et de la vipère,
Loin de tout ce qui frappe et mord,
Je te souhaite un bon repaire,
Obscur et froid comme la mort.

Fuis vers une mare chargée
De brume opaque et de sommeil,
Et que n'auront jamais figée
Les yeux calcinants du soleil.

Qu'un ciel à teintes orageuses,
Toujours plein de morosité,
Sur tes landes marécageuses
Éternise l'humidité;

Pour que toi, le rôdeur des flaques,
Tu puisses faire tes plongeons
Dans de délicieux cloaques
Frais, sous le fouillis vert des joncs.

Dans la grande paix sépulcrale
De la nuit qui tombe des cieux,
Lorsque le vent n'est plus qu'un râle
Dans les arbres silencieux,

Unis-toi sous la froide lune,
Qui t'enverra son regard blanc,
A la femelle molle et brune
Bavant de plaisir à ton flanc !

Dans les nénuphars, jamais traîtres,
Humez l'amour, l'amour béni,
Qui donne aux plus horribles êtres
Les ivresses de l'infini.

Et puis, chemine, lent touriste,
De la mare au creux du sapin,
En chuchotant ton cri plus triste
Que tous les mineurs de Chopin;

Rampe à l'aise, deviens superbe
De laideur grasse et de repos,
Dans la sécurité d'une herbe
Où ne vivront que des crapauds !

De l'hiver à la canicule
Puisses-tu savourer longtemps
L'ombre vague du crépuscule
Près des solitaires étangs !

Puisse ta vie être un long rêve
D'amour et de sérénité !
Sois la hideur ravie, et crève
De vieillesse ou de volupté !

XXIX

LA LAVEUSE

Voici l'heure où les ménagères
Guettent le retour des bergères.
Avec des souffles froids et saccadés, le vent
Fait moutonner au loin les épaisses fougères
Dans le jour qui va s'achevant.

Là-bas sur un grand monticule
Un moulin à vent gesticule.
Les feuilles d'arbre ont des claquements de drapeaux,
Et l'hymne monotone et doux du crépuscule
Est entonné par les crapauds.

Des silhouettes désolées
Se convulsent dans les vallées,
Et, sur les bords herbeux des routes sans maisons,
Les mètres de cailloux semblent des mausolées
Qui dorment parmi les gazons.

Déjà plus d'un hibou miaule,
Et le pâtre, armé d'une gaule,
Par des chemins boueux, profonds comme des trous,
S'en va passer la nuit sur l'herbe, au pied d'un saule,
Avec ses taureaux bruns et roux.

Dans la solitude profonde
Les vieux chênes à tête ronde,
Fantastiques, ont l'air de vouloir s'en aller
Au fond de l'horizon, que le brouillard inonde,
Et qui paraît se reculer.

Mais les choses dans la pénombre
Se distinguent : figure, nombre
Et couleur des objets inertes ou bougeurs,
Tout cela reste encor visible, quoique sombre,
Sous les nuages voyageurs.

Or, à cette heure un peu hagarde,
Je longe une brande blafarde,
Et pour me rassurer je chante à demi-voix,
Lorsque soudain j'entends un bruit sec. — Je regarde,
Pâle, et voici ce que je vois :

Au bord d'un étang qui clapote,
Une vieille femme en capote,
A genoux, les sabots piqués dans le sol gras,
Lave du linge blanc et bleu qu'elle tapote
Et retapote à tour de bras.

— « Par où donc est-elle venue,
« Cette sépulcrale inconnue? »
Et je m'arrête alors, pensif et répétant,
Au milieu du brouillard qui tombe de la nue,
Ce soliloque inquiétant.

Œil creux, nez crochu, bouche plate,
Sec et mince comme une latte,
Ce fantôme laveur d'un âge surhumain,
Horriblement coiffé d'un mouchoir écarlate,
Est là, presque sur mon chemin.

Et la centenaire aux yeux jaunes,
Accroupie au pied des grands aunes,
Sorcière de la brande où je m'en vais tout seul,
Frappe à coups redoublés un drap, long de trois aunes,
Qui pourrrait bien être un linceul.

Alors, tout à l'horreur des choses
Si fatidiques dans leurs poses,
Je sens la peur venir et la sueur couler,
Car la hideuse vieille en lavant fait des pauses
Et me regarde sans parler.

Et le battoir tombe et retombe
Sur cette nappe de la tombe,
Mêlant son diabolique et formidable bruit
Aux sifflements aigus du vent qui devient trombe ;
Et tout s'efface dans la nuit.

— « Si loin ! pourvu que je me rende ! »
Et je me sauve par la brande
Comme si je sentais la poursuite d'un pas ;
Et dans l'obscurité ma terreur est si grande
Que je ne me retourne pas.

Ici, là, fondrière ou flaque,
Complices de la nuit opaque !
Et la rafale beugle ainsi qu'un taureau noir,
Et voici que sur moi vient s'acharner la claque
De l'abominable battoir.

Enfin, ayant fui de la sorte
A travers la campagne morte,
J'arrive si livide, et si fou de stupeur
Que lorsque j'apparais brusquement à la porte
Mon apparition fait peur !

XXX

LA DÉLIVRANCE

Plus d'obsessions vipérines !
Plus de chuchotements pervers !
L'azur des grands cieux découverts
Sourit à mes humeurs chagrines.

De grosses perles purpurines
Scintillent dans les rameaux verts.
Plus d'obsessions vipérines !
Plus de chuchotements pervers !

Le zéphyr, doux à mes narines,
Souffle des parfums dans les airs
Et baise les étangs déserts,
Transparents comme des vitrines
Plus d'obsessions vipérines !

XXXI

LA PETITE GARDEUSE D'OIES

Ma petite gardeuse d'oies,
Par les prés et les chemins creux,
Tu redis ton branle amoureux
Aux buissons verts que tu coudoies.

Tu vas éparpillant tes joies
Sur l'herbe et les talus pierreux,
Ma petite gardeuse d'oies,
Par les prés et les chemins creux ;

Et sans penser qu'un jour leurs foies
Feront des pâtés savoureux,
Tu suis tes gros jars bienheureux,
Car jamais tu ne les rudoies,
Ma petite gardeuse d'oies.

XXXII

DANS L'ÉTABLE

Quelle paix ont les araignées
Aux solives comme aux carreaux !
Ici, des ais de tombereaux,
Là, des pioches et des cognées.

Je viens d'échanger des poignées
De main avec les pastoureaux.
Quelle paix ont les araignées
Aux solives comme aux carreaux !

Sur des litières bien soignées

Je vois ruminer les taureaux

Qui parfois entre les barreaux

Passent leurs têtes refrognées.

— Quelle paix ont les araignées !

XXXIII

LES CONSEILLERS MUNICIPAUX

Les conseillers municipaux
Sont tous attablés à l'auberge.
Ils n'ont pas figure de cierge
Sous les grands bords de leurs chapeaux.

Elle a mis tous ses oripeaux,
La servante robuste et vierge :
Les conseillers municipaux
Sont tous attablés à l'auberge.

Léchant les plats, vidant les pots,
Chacun s'empiffre et se goberge :
Monsieur le maire les héberge !
— Ils ont assez parlé d'impôts,
Les conseillers municipaux,

XXXIV

LA SIESTE

En regardant sauter les geais
Sur les hautes branches d'un chêne,
Délivré du spleen qui m'enchaîne,
Béatement je m'allongeais.

Oh ! comme alors je me plongeais
Dans la quiétude sereine,
En regardant sauter les geais
Sur les hautes branches d'un chêne !

Et, sans traiter un des sujets
Dont j'avais la cervelle pleine,
J'attendais que la nuit d'ébène
Eût effacé tous les objets,
En regardant sauter les geais.

XXXV

LA MORT DU COCHON

Moi, qui l'avais vu si petit,
Je fus tout chagrin de sa perte,
Et cette pauvre masse inerte
Ne m'inspira nul appétit.

Lorsque chacun se divertit
Et festoya dans l'herbe verte,
Moi, qui l'avais vu si petit,
Je fus tout chagrin de sa perte.

Mais la porchère compatit
A son sort, dans la cour déserte,
Car, en voyant sa bête ouverte,
Ce sanglot de son cœur sortit :
« Moi qui l'avais vu si petit ! »

XXXVI

LE CONVOI FUNÈBRE

Le mort s'en va dans le brouillard
Avec sa limousine en planches.
Pour chevaux noirs deux vaches blanches,
Un chariot pour corbillard.

Hélas ! c'était un beau gaillard
Aux yeux bleus comme les pervenches !
Le mort s'en va dans le brouillard
Avec sa limousine en planches.

Pas de cortège babillard.
Chacun en blouse des dimanches,
Suit morne et muet sous les branches.
Et, pleuré par un grand vieillard,
Le mort s'en va dans le brouillard.

XXXVII

LES DINDONS

Ils vont la queue en éventail,
A la file, par les sentiers,
Glougloutinant des jours entiers :
Aux champs, c'est le menu bétail.

Doux pèlerins, sans attirail,
Et béats comme des rentiers,
Ils vont la queue en éventail,
A la file, par les sentiers.

Parfois pour caravansérail
Ils ont de grands jardins fruitiers,
Et là, prenant des airs altiers,
Sans redouter l'épouvantail,
Ils vont la queue en éventail.

XXXVIII

LE LÉZARD

Sur le vieux mur qui se lézarde,
Que de lézards gris ! ça fourmille !
Quand je m'en vais dans la charmille,
Toutes les fois je les regarde.

L'un d'eux sur ma main se hasarde,
Car moi, je suis de la famille.
Sur le vieux mur qui se lézarde
Que de lézards gris ! ça fourmille !

Je n'ai point la mine hagarde
Pour la bestiole gentille,
Et c'est en paix qu'elle frétille,
Se sachant bien en bonne garde
Sur le vieux mur qui se lézarde.

XXXIX

LA VIPÈRE

Pauvre serpent, montre ta tête
Aplatie et triangulaire.
Par ce soleil caniculaire
Dors en paix, formidable bête !

Tu siffles comme une tempête,
Mais j'ai pitié de ta colère.
Pauvre serpent, montre ta tête
Aplatie et triangulaire !

C'est bien doux qu'ici je m'arrête :
Sans te bénir, je te tolère,
Car aujourd'hui l'amour m'éclaire,
Et j'en ai l'âme toute en fête.
Pauvre serpent ! montre ta tête !

XL

L'ÉCREVISSE

Elle voyage à sa façon
Autour d'un petit rocher maigre ;
Son ruisseau, chuchoteur allègre,
Est caché par un grand buisson.

Tandis qu'un merle polisson
Raille un pivert à la voix aigre,
Elle voyage à sa façon
Autour d'un petit rocher maigre.

Et, lente comme un limaçon,
Noire comme la peau d'un nègre,
Narguant le poivre et le vinaigre,
Et le rouge de la cuisson,
Elle voyage à sa façon.

XLI

LA BOUCHÈRE

La vache lentement chemine
Entre le chaume et le regain ;
La bouchère suit, cou sanguin,
Moustache noire et belle mine.

Par instants, son œil s'illumine :
Elle a dû faire un fameux gain !
— La vache lentement chemine
Entre le chaume et le regain.

Et tandis qu'à chaque chaumine

S'arrête le petit doguin,

Devant la commère en béguin,

— Douce et blanche comme une hermine,

La vache lentement chemine.

XLII

LE VER LUISANT

Le petit ver luisant dans l'herbe
S'allume cette fois encor
A la même place! Le cor
Pleure au loin; la nuit est superbe.

Au doux âge où l'on est imberbe,
Je l'admirais comme un trésor.
— Le petit ver luisant dans l'herbe
S'allume cette fois encor.

Mais, dira le penseur acerbe :
« Tout ce qui reluit n'est pas or! »
Moi, je réponds à ce butor,
Que j'aime, en dépit du proverbe.
Le petit ver luisant dans l'herbe.

XLIII

L'AMAZONE

Sur les grandes bouses de vache
Le soleil met un ton pourpré.
Elle chevauche au fond du pré
Avec un petit air bravache.

Elle effleure de sa cravache
Le cou d'un alezan doré.
Sur les grandes bouses de vache
Le soleil met un ton pourpré.

Mais son long voile bleu la cache,
Je ne puis la voir à mon gré ;
Et mon regard tombe navré,
Et machinalement s'attache
Sur les grandes bouses de vache.

XLIV

L'ÉCUREUIL

Le petit écureuil fait de la gymnastique
Sur un vieux chêne morne où foisonnent les guis.
Les rayons du soleil, maintenant alanguis,
Ont laissé le ravin dans un jour fantastique.

Le paysage est plein de stupeur extatique ;
Tout s'ébauche indistinct comme dans un croquis.
Le petit écureuil fait de la gymnastique
Sur un vieux chêne morne où foisonnent les guis.

Tout à l'heure, la nuit, la grande narcotique,
Posera son pied noir sur le soleil conquis ;
Mais, d'ici là, tout seul, avec un charme exquis,
Acrobate furtif de la branche élastique,
Le petit écureuil fait de la gymnastique.

XLV

L'HORLOGE

A son tic tac mélancolique,
La fermière écosse des pois.
— La nuit noire comme la poix
S'avance d'un pas diabolique.

Cependant, qu'un chat famélique
Guigne ses deux énormes poids,
A son tic tac mélancolique,
La fermière écosse des pois.

Quand son tintement métallique
Vibre dans sa cage de bois,
Je frissonne un peu, mais je bois
L'extase douce et bucolique
A son tic tac mélancolique.

XLVI

LE PIVERT

Dans la grande chênaie, à l'ombre du coteau,
Je m'en vais en fumant, seul, à pas de tortue,
Par la petite route âpre et si peu battue,
Quand un pivert criard arrive d'un plateau.

— Son long bec, lui servant de vrille et de couteau,
Déloge les fourmis d'une branche tortue.
Dans la grande chênaie, à l'ombre du coteau,
Je m'en vais en fumant, seul, à pas de tortue.

Et gai, puisque mon crâne échappe à son étau,
J'admire sur un tronc, que la vieillesse tue,
Le joli perforeur dont la tête pointue
Se relève et s'abat comme un petit marteau,
Dans la grande chênaie, à l'ombre du coteau.

XLVII

A LA JEUNE PINTADE

Je te mets en capilotade
Si je te prends à batailler :
Assez longtemps le poulailler
A souffert ta rodomontade.

Je t'en préviens, jeune pintade,
Comme un bourreau, sans sourciller,
Je te mets en capilotade
Si je te prends à batailler.

Je te passe encor la boutade
Et ta façon de piailler
Qui m'empêche de travailler ;
Mais, à la première incartade,
Je te mets en capilotade !

XLVIII

LA CUISINIÈRE

Au bruit sempiternel du canon de sureau
Qu'un petit garçon bourre et rebourre sans trêve,
La bonne au coin du feu s'assoupit dans un rêve
Entre le chien blanchâtre et le matou noiraud.

Et la voilà qui dort, un pied sur le barreau
D'une chaise en bois blanc dont la paille se crève,
Au bruit sempiternel du canon de sureau
Qu'un petit garçon bourre et rebourre sans trêve.

Mais la bonne ouvre l'œil, car le vieux hobereau
La secoue à deux bras : — Qu'est-ce? dit Geneviève.
— Ce que c'est! ventrebleu! que le diable t'enlève! »
Hélas! elle a laissé tout brûler un perdreau,
Au bruit sempiternel du canon de sureau.

XLIX

LE JAMBON

Je le vois toujours, ce jambon,
Avec un appétit nouveau.
Fier, il pendait au soliveau
Antique et noir comme un charbon.

Oh! devait-il être assez bon!
Gros comme une cuisse de veau!
Je le vois toujours, ce jambon.
Avec un appétit nouveau.

Il me hantait pour tout de bon
L'estomac comme le cerveau,
Mais je viens d'en manger. Bravo !
Cette chair est un vrai bonbon.
— Je le vois toujours ce jambon.

L

LA BELLE PORCHÈRE

La porchère va remplir l'auge
De son mouillé d'eau de vaisselle.
Les deux bras nus jusqu'à l'aisselle,
Elle va, vient, court et patauge.

— L'air est plein d'une odeur de sauge.
La lumière partout ruisselle.
La porchère va remplir l'auge
De son mouillé d'eau de vaisselle.

Et ma foi ! mon désir se jauge

Aux charmes de la jouvencelle :

Je suis fou de cette pucelle.

— Allons ! verrats, quittez la bauge !

La porchère va remplir l'auge.

LI

LA TRICOTEUSE

Tu tricotais ton bas de laine,
Toute rose et toute mignarde,
O ma friponne campagnarde,
Quand je t'abordai hors d'haleine.

— Suis-je encore loin de la plaine?
— Oui, monsieur, fis-tu goguenarde,
Tu tricotais ton bas de laine,
Toute rose et toute mignarde.

Or, j'avais bu comme Silène,
Et j'étais d'humeur si gaillarde,
Que je dis : « Tant pis ! je m'attarde ! »
Et quand je partis à grand'peine,
Tu tricotais ton bas de laine.

LII

LA BOURRIQUE

La bourrique luisante et forte
Brait tous les jours, à la même heure,
Devant la rustique demeure,
De la plus lamentable sorte.

Ses hi-han disent : « Je suis morte
De soif ! un peu d'eau ! la meilleure ! »
La bourrique luisante et forte
Brait tous les jours, à la même heure.

Et ma foi ! le seau qu'on lui porte
N'est pas un de ceux qu'elle effleure :
Elle y boit que son mufle en pleure !
Et puis elle broute à la porte,
La bourrique luisante et forte.

LIII

LE LIÈVRE

Le lièvre, le long du fossé,
S'en revenait d'un pied qui boite.
Et son allure maladroite
Révélait qu'il était blessé.

Tout fumant, le poil hérissé,
La bouche en sang, l'oreille droite,
Le lièvre, le long du fossé,
S'en revenait d'un pied qui boite.

— « Ah! s'il pouvait être pansé!

Mais la pauvre bête est bien coite. »

Et quand j'arrivai le front moite,

Hélas! il avait trépassé,

Le lièvre, le long du fossé.

LIV

LE PETIT COQ

Mon âme veuve les jalouse
La poulette et le petit coq.
— En plein soleil, près d'un vieux soc,
Tous deux vont picotant la bouse.

En vain je vis avec la blouse.
Avec le chêne, avec le roc :
Mon âme veuve les jalouse
La poulette et le petit coq.

— Chemin faisant, sur la pelouse,
Que de fois, avec l'air ad hoc,
Le petit mari — toc toc toc —
Caresse la petite épouse!
Mon âme veuve les jalouse.

LV

LE CHASSEUR EN SOUTANE

Il tire aussi bien qu'il pérore,
Le grand curé sec et rustaud.
— Pour s'en aller chasser plus tôt,
Il dit sa messe dès l'aurore.

Ce n'est pas en vain qu'il explore
Le bois, la brande et le plateau !
Il tire aussi bien qu'il pérore,
Le grand curé sec et rustaud.

Mais son tricorne qu'il décore
D'une plume de cailleteau
Se profile au flanc du coteau.
Un coup part!... C'est un lièvre encore.
Il tire aussi bien qu'il pérore.

LVI

LES CHATAIGNES

— « Oh! chère mignonne, tu saignes! »
Et je suçai son joli doigt,
Comme tout amoureux le doit.
Gare aux piqûres de châtaignes!

Libres des grands et petits peignes,
Ses cheveux flottaient dans l'air froid.
— « Oh! chère mignonne, tu saignes! »
Et je suçai son joli doigt.

— « Fi! c'est mal qu'ainsi tu m'étreignes. »
C'était l'heure où le jour décroit.
— « Laisse-moi bien vite! on nous voit! »
— « Ce n'est pas quelqu'un que tu craignes!
« Oh! chère mignonne, tu saignes. »

LVII

LE TOURISTE

Le plein midi darde ses flèches
Dans l'air chaud comme une fournaise.
Je chemine tout à mon aise,
Loin des fiacres et des calèches.

Ici, promenades et pêches.
J'aime ça, ne vous en déplaise ;
Le plein midi darde ses flèches
Dans l'air chaud comme une fournaise.

Cher pays, comme tu m'allèches
Par tes rocs et ta terre glaise !
Je n'ai pas de jument anglaise,
Mais j'ai deux jambes toujours fraîches.
Le plein midi darde ses flèches.

LVIII

LE PETIT CHALET

Qu'elle aime ce petit chalet
D'une si plaisante carcasse !
Le fait est qu'il est si cocasse,
Qu'il m'inspire ce rondelet.

Dans ce castel humble et drôlet.
Elle brode, lit et fricasse.
Qu'elle aime ce petit chalet
D'une si plaisante carcasse !

Elle y goûte un bonheur complet.
Et puis, qu'elle paix efficace !
Personne ici qui la tracasse.
Elle y vit comme ça lui plait.
Qu'elle aime ce petit chalet !

LIX

MA VIEILLE PIPE

Quand j'ai ma pipe en merisier,
Toute mon âme se parfume;
Et je la fume et la refume,
Sans pouvoir me rassasier.

Cet automne, à son cher brasier,
J'ai nargué le vent et la brume.
Quand j'ai ma pipe en merisier
Toute mon âme se parfume.

Elle n'a qu'un tuyau d'osier;

Mais les vers coulent de ma plume.

Toutes les fois que je l'allume,

Et j'ai de quoi m'extasier,

Quand j'ai ma pipe en merisier.

LX

LES MARGOTS

Les corneilles et les margots
Adorent ce pacage herbeux.
En voilà des oiseaux verbeux
Qui ne sont pas du tout nigauds !

Aussi lents que des escargots,
Çà et là paissent les grands bœufs.
Les corneilles et les margots
Adorent ce pacage herbeux.

Là-bas, sur les tas de fagots,
Et sur les vieux chênes gibbeux,
Tout autour du marais bourbeux,
En font-elles, de ces ragots,
Les corneilles et les margots!

LXI

MES PIPES

Le jour comme à minuit
   Je fume.
Car le tabac parfume
   L'ennui.
O mes pipes, sans bruit,
Dans vos nimbes de brume
   Je hume
   La nuit!

Que deviendrait sans vous
Ma chambre,
Calumets à bout d'ambre
Si doux,
Lorsqu'avec des cris fous
Geint le vent de décembre
Qui cambre
Les houx ?

Et quand les nuits sont brèves,
Au mois
Des jeux, des doux émois,
Des sèves,
Vous m'enivrez sans trêves :
Avec vous, dans les bois,
Je bois
Des rêves.

O filles, ô cafardes.
Je hais
Vos faces à jamais
Blafardes.
Ève, en vain tu te fardes.
Pour femmes, désormais,
J'ai mes
Bouffardes.

Embaumez donc mes jours,
Charmeuses,
O pipes, mes brumeuses
Amours!
Et dans tous mes séjours,
Restez, mes endormeuses.
Fumeuses
Toujours.

LXII

LE SOLILOQUE D'UN MENUISIER

« Encore un clou ! plus qu'un, et ma besogne est faite.
« Je m'en doutais ; c'est drôle et, sans être prophète,
« Je m'étais toujours dit : « Ce riche mourra tôt. »
« Je n'ai pas épargné les bons coups de marteau,
« Et je puis me vanter que sa bière est parfaite !
« J'ai vu sa face : elle est horrible et stupéfaite !
« Il sera mort sans doute au milieu d'une fête.
« Bah ! cousons fortement son affreux paletot :
   « Encore un clou ! »

« C'est le sort, chacun meurt : en bas, et sur le faîte.
«Tous les vainqueurs du monde ont chez moi leur défaite.
« Hélas ! j'aurai mon tour ! Un confrère bientôt
« Peut s'écrier, penché sur mon dernier manteau :
« — Sa bière, dans vingt ans, ne sera pas défaite.
  « Encore un clou ! »

LXIII

LE PÊCHEUR A LA LIGNE

Mon liège fait plus d'un plongeon
Dans l'onde au lit de sable fin.
Ça mord à tout coup; mais enfin
Je n'ai pas pris un seul goujon.

Et je tiens ma perche de jonc.
Patient comme un séraphin.
Mon liège fait plus d'un plongeon
Dans l'onde au lit de sable fin.

Derrière moi, le vieux donjon;

Devant, un horizon sans fin.

Un brochet dort comme un dauphin

A fleur d'eau, près d'un sauvageon.

Mon liège fait plus d'un plongeon.

LXIV

LE FACTEUR RURAL

Par la traverse et par la route,
Il abat kilomètre et lieue;
Et, quand il rentre à sa banlieue,
Il est si tard qu'il n'y voit goutte.

— Dans les prés, un troupeau qui broute;
Sur les buissons, un hoche-queue.
Par la traverse et par la route,
Il abat kilomètre et lieue.

A son aspect, le chien veloute

Sa langue, en remuant la queue ;

Et les richards en blouse bleue

Lui font casser plus d'une croûte

Par la traverse et par la route.

LXV

LES DEMOISELLES

Rasant la mare de leurs ailes
Que le soleil rend irisées.
Elles ne sont jamais posées,
Les inconstantes demoiselles.

Plus vives que les hirondelles.
Elles voltigent, d'air grisées,
Rasant la mare de leurs ailes
Que le soleil rend irisées.

— « C'est l'image des infidèles

« Par qui nos âmes sont brisées ! »

Ainsi je songe à mes croisées

En regardant les toutes belles

Rasant la mare de leurs ailes.

LXVI

LA RAINETTE

Ma bonne petite rainette,
A toi ce rondel amical.
— Le vent hurle comme un chacal
Autour de notre maisonnette.

— Elle te guigne, la minette,
Du haut d'un vieux meuble bancal.
Ma bonne petite rainette,
A toi ce rondel amical.

Ta monotone chansonnette
N'a pourtant rien de musical ;
Mais tu me plais dans ce bocal,
Sur ton échelle mignonnette,
Ma bonne petite rainette.

LXVII

LA CHÈVRE

Ma bonne chèvre limousine,
Gentille bête à l'œil humain,
J'aime à te voir sur mon chemin,
Loin de la gare et de l'usine.

Toi que la barbe encapucine,
Tu gambades comme un gamin,
Ma bonne chèvre limousine,
Gentille bête à l'œil humain.

Je vais à la ferme voisine.

Mais je te jure que demain

Tu viendras croquer dans ma main

Du sucre et du sel de cuisine,

Ma bonne chèvre limousine.

LXVIII

LE CABRIOLET

Dans mon petit cabriolet
Je ramenais la grosse Adèle.
Tête basse, ma haridelle
Mélancolique détalait.

Mon jeune chien cabriolait
Et courait après l'hirondelle.
Dans mon petit cabriolet
Je ramenais la grosse Adèle.

Or, aux frissons de son mollet

Je lui parlai d'amour fidèle,

Tant et si bien que j'obtins d'elle

Le baiser que mon cœur voulait,

Dans mon petit cabriolet.

LXIX

LA FILLE AUX PIEDS NUS

Dans le champ planté de colzas,
De luzerne et de betteraves,
Devant les grands bœufs doux et graves
Je passais comme tu passas.

Longtemps avec moi tu causas,
Par un matin des plus suaves,
Dans le champ planté de colzas,
De luzerne et de betteraves.

Et si bien tu l'apprivoisas,
Toi la fille aux pieds nus, qui braves
L'herbe humide et le bord des gaves,
Qu'en souriant tu me baisas,
Dans le champ planté de colzas !

LXX

LA CHANSON DE LA PERDRIX GRISE

La chanson de la perdrix grise
Ou la complainte des grillons,
C'est la musique des sillons
Que j'ai toujours si bien comprise.

Sous l'azur, dans l'air qui me grise,
Se mêle au vol des papillons
La chanson de la perdrix grise
Ou la complainte des grillons.

Et l'ennui qui me martyrise
Me darde en vain ses aiguillons,
Puisqu'à l'abri des chauds rayons
J'entends sur l'aile de la brise
La chanson de la perdrix grise.

LXXI

LES BABILLARDES

Bavardes comme des perruches,
Elles cheminent vers le puits
Qui bâille au milieu des grands buis.
— Les abeilles rentrent aux ruches.

En grignotant le pain des huches,
Elles font des haltes, et puis,
Bavardes comme des perruches,
Elles cheminent vers le puits.

Elles vont balançant leurs cruches,

Et moi, des yeux, tant que je puis,

Dans le crépuscule je suis

Ces diseuses de fanfreluches,

Bavardes comme des perruches.

LXXII

LE PETIT RENARDEAU

Au bord de l'étang, le petit renardeau
Suit à pas de loup sa mère la renarde,
Qui s'en va guettant, sournoise et goguenarde,
Le canard sauvage ou bien la poule d'eau.

— Des nuages bruns couvrent d'un noir bandeau
Le soleil sanglant que l'âpre nuit poignarde.
Au bord de l'étang, le petit renardeau
Suit à pas de loup sa mère la renarde.

Sur un bois flottant qui lui sert de radeau,

Soudain la rôdeuse en tremblant se hasarde ;

Et moi, curieux et ravi, je regarde,

Caché par les joncs comme par un rideau,

Au bord de l'étang le petit renardeau.

LXXIII

LES MAUVAIS CHAMPIGNONS

Les empoisonneurs et les empoisonneuses
Tireraient parti de ces champignons verts,
Bruns, roux, noirs et bleus qui poussent de travers
Dans l'affreux fouillis des herbes épineuses.

Ces plantes souvent sont si volumineuses
Qu'on dirait, ma foi! des parasols ouverts!
Les empoisonneurs et les empoisonneuses
Tireraient parti de ces champignons verts.

— Là, dans ce val aux pentes vertigineuses,

Un poète aigu, maniaque et pervers,

Pourrait composer d'abominables vers

Qu'applaudiraient pour leurs rimes vénéneuses

Les empoisonneurs et les empoisonneuses !

LXXIV

LE CHIEN ENRAGÉ

Le chien noir me poursuit dans l'orage
A travers de hideux pays plats,
Et tous deux, tristes comme des glas,
Nous passons labour et pâturage.

Il franchit buisson, mur et barrage...
Et je n'ai pas même un échalas !
Le chien noir me poursuit dans l'orage
A travers de hideux pays plats.

Et, songeant aux martyrs de la rage

Qu'on étouffe entre deux matelas,

Je chemine, effroyablement las,

Presqu'à bout de force et de courage...

Le chien noir me poursuit dans l'orage !

LXXV

LA LOCOMOTIVE

Dans la vespérale torpeur,
Je fouette ma jument rétive
Qui trotte ombrageuse et craintive
En ruant sur mon chien jappeur.

— Et l'arbre fuit avec stupeur
Comme une ombre lente et furtive.
Dans la vespérale torpeur,
Je fouette ma jument rétive.

Soudain passe à toute vapeur

Une grande locomotive.

Si lumineuse et si plaintive

Que ma bête hennit de peur

Dans la vespérale torpeur.

LXXVI

LES CHAUVES-SOURIS

« Mais pourquoi voler avec tant de mystère
« Et si longuement dans ces grands corridors?
« Vous seriez si bien à votre aise dehors,
« Dans le brouillard frais qui tombe sur la terre.

« Vous avez sans doute un vol involontaire,
« O chauves-souris noires comme un remords !
« Mais pourquoi voler avec tant de mystère
« Et si longuement dans ces grands corridors?

« Pour ainsi hanter ce château solitaire,
« Vous n'êtes pas des âmes de mauvais morts?
« Enfin, pour ce soir, vivent les esprits forts!
« Je reste là, sans que la frayeur m'attère.
« Mais pourquoi voler avec tant de mystère?

LXXVII

RETOUR DE FOIRE

Dans le crépuscule d'automne
Ils reviennent, les petits veaux :
Porcs, génisses, bœufs et chevaux
Suivent la route monotone.

De pauvres ânes qu'on bâtonne
Hi-hannent par monts et par vaux.
Dans le crépuscule d'automne
Ils reviennent les petits veaux.

Un troupeau bêlant qui s'étonne
D'aller par des chemins nouveaux
Creux et noirs comme des caveaux,
Se rassemble et se pelotonne,
Dans le crépuscule d'automne !

LXXVIII

LA JARRETIÈRE

Cette vipère de buisson
D'une grosseur surnaturelle
Jarretiérait la pastourelle
Qui dormait, un jour de moisson.

Au froid de ce vivant glaçon,
Elle ouvrit l'œil et vit sur elle
Cette vipère de buisson
D'une grosseur surnaturelle.

Comment oublier la façon

Dont la mignonne enfant si frêle,

Pâle, du bout de mon ombrelle,

Désenroula sans un frisson

Cette vipère de buisson !

LXXIX

LE RAT

Ma chatte avait peur de cet énorme rat
Qui toutes les nuits dévalisait l'armoire,
Rongeait aussi bien le bois que le grimoire
Et fourrait partout son museau scélérat.

Lourd, il trottinait, fouilleur comme un verrat.
Tout y passait : fil, toile, velours et moire !
Ma chatte avait peur de cet énorme rat
Qui toutes les nuits dévalisait l'armoire.

Il mangeait le cuir, le liège, et cætera.

Renversait les pots et traînait l'écumoire ;

Et même une nuit, si j'ai bonne mémoire,

Je sentis sa queue ignoble sous mon drap.

Ma chatte avait peur de cet énorme rat.

LXXX

LE CHAMP DU DIABLE

— Le merle fuit, plein de paniques.
Les buissons recroquevillés :
Entendez-vous sous les noyers
Ces chuchotements ironiques ?

Quelles visions tyranniques !
J'en ai les yeux écarquillés.
— Le merle fuit, plein de paniques.
Les buissons recroquevillés.

Quant aux petits fumiers coniques,

Ils sont horriblement grillés.

S'ils allaient être éparpillés

Avec des fourches sataniques !

— Le merle fuit, plein de paniques.

LXXXI

LA VIEILLE CROIX

Au bas de la route inclinée,
Où se croisent quatre chemins,
Comme un grand fantôme sans mains
Se dresse une croix surannée.

Mais la farouche abandonnée
Brave encor bien des lendemains,
Au bas de la route inclinée
Où se croisent quatre chemins.

Et la croix manchote et minée,

De l'âge des vieux parchemins,

Épouvante les yeux humains

Comme une potence damnée,

Au bas de la route inclinée.

LXXXII

LES DEUX PETITS FRÈRES

Ils s'en reviennent de l'école.
Un livre dans leur petit sac.
— Au loin, on entend le ressac
De la Creuse qui dégringole.

L'ainé rapporte une bricole.
De la chandelle et du tabac.
Ils s'en reviennent de l'école.
Un livre dans leur petit sac.

Mais la nuit vient ; dans sa rigole

La grenouille fait son coac,

Et tous les deux, ayant le trac

Et tirant leur pied qui se colle,

Ils s'en reviennent de l'école.

LXXXIII

LE CHAT-HUANT

« Est-il sur un arbre où dans un creux de roche ?
« C'est drôle, ce cri qui part on ne sait d'où !
« Et puis, cet horrible et triste miaou
« Tantôt vient de loin et tantôt se rapproche.

« En vain je regarde ! En vain ma canne embroche
« Les buissons, et rôde au fond de chaque trou !
« Est-il sur un arbre ou dans un creux de roche ?
« C'est drôle, ce cri qui part on ne sait d'où !

« Il miaule encor : diable ! je me reproche

« D'avoir affronté ce maudit casse-cou.

« La nuit tombe avec un coassement fou ;

« Mais toujours la plainte introuvable m'accroche :

« Est-il sur un arbre ou dans un creux de roche ? »

LXXXIV

LES CORBEAUX

Les corbeaux volent en croassant
Tout autour du vieux donjon qui penche ;
Sur le chaume plat comme une planche
Ils se sont abattus plus de cent.

Un deuil inexprimable descend
Des arbres qui n'ont plus une branche.
Les corbeaux volent en croassant
Tout autour du vieux donjon qui penche.

Et tandis que j'erre en frémissant

Dans le brouillard où mon spleen s'épanche,

Tout noirs sur la neige toute blanche,

Avides de charogne et de sang,

Les corbeaux volent en croassant.

LXXXV

L'HOTE SUSPECT

Nous sommes bien seuls au bas de cette côte !
Bien seuls ! Et minuit qui tinte au vieux coucou !
J'ai peur ! l'étranger m'inquiète beaucoup.
Il quitte le feu, s'en rapproche, s'en ôte.

Ne parle qu'à peine, et jamais à voix haute :
Cet individu médite un mauvais coup !
Nous sommes bien seuls au bas de cette côte !
Bien seuls ! Et minuit qui tinte au vieux coucou !

Oh ! ce que je rêve est horrible : mon hôte

Poursuit la servante avec un grand licou.

J'accours ! mais je tombe un couteau dans le cou,

Éclaboussé par sa cervelle qui saute...

— Nous sommes bien seuls au bas de cette côte !

LXXXVI

LE CIMETIÈRE

Le cimetière aux violettes
Embaume tous les alentours.
Les lézards y font mille tours
Au parfum de ses cassolettes.

Que de libellules follettes
Y sont vaines de leurs atours !
Le cimetière aux violettes
Embaume tous les alentours.

Et, champ de morts, nid de squelettes
Qui trompe le flair des vautours,
Il dort au bas des vieilles tours,
Entre ses roches maigrelettes,
Le cimetière aux violettes.

LXXXVII

LE REBOUTEUX

Je n'irai pas dans son repaire,
Je manquerai son rendez-vous.
Car on le dit meneur de loups,
Et grand ami de la vipère.

— Son empirisme qui prospère
Rend plus d'un médecin jaloux !
Je n'irai pas dans son repaire,
Je manquerai son rendez-vous.

Il guérit tous ceux qu'il opère,
Remet bras, jambes et genoux ;
Mais, comme je crois, entre nous,
Qu'il a le diable pour compère,
Je n'irai pas dans son repaire !

LXXXVIII

LE PATRE

Que ce pâtre à jambe de bois
Est donc vieux malgré son jeune âge !
— Il chante, comme c'est l'usage.
Mais quelle épouvantable voix !

Jamais sourire plus narquois
N'a ridé plus hideux visage.
Que ce pâtre à jambe de bois
Est donc vieux malgré son jeune âge !

Voici que ma chienne aux abois
Flaire un calamiteux présage;
Quant à moi, dans le paysage,
Je ne regarde et je ne vois
Que ce pâtre à jambe de bois.

LXXXIX

LES DEUX LOUPS

Bruns et maigres comme des clous,
Ils m'ont surpris dans la clairière,
Et jusqu'au bord d'une carrière
M'ont suivi comme deux filous.

— Jamais œil de mauvais jaloux
N'eut de lueur plus meurtrière !
Bruns et maigres comme des clous,
Ils m'ont surpris dans la clairière.

— Mais la faim les a rendus fous,

Car ils ont franchi ma barrière,

Et les voilà sur leur derrière,

A ma porte, les deux grands loups,

Bruns et maigres comme des clous !

XC

LES CLOPORTES

Au bas d'un vieux mur qui s'écroule,
Par delà fermes et guérets,
Les cloportes, lents et secrets,
Rampaient, ignorés de la poule.

Je longeais un ruisseau qui coule,
Lorsque j'aperçus les pauvrets
Au bas d'un vieux mur qui s'écroule,
Par delà fermes et guérets.

— Comme ils étaient loin de la foule,
Dans ces gravats mornes et frais!
Je voulus les voir de plus près;
Mais ils se roulèrent en boule
Au bas d'un vieux mur qui s'écroule.

XCI

LA PLUIE

Par ce temps pluvieux qui fait pleurer ma vitre,
Mon cœur est morfondu comme le passereau.
Que faire? encor fumer? j'ai fumé déjà trop;
Lire? je vais bâiller dès le premier chapitre.

En vain tous mes bouquins m'appellent, pas un titre
Ne m'allèche. Oh! le spleen, implacable bourreau!
Par ce temps pluvieux qui fait pleurer ma vitre,
Mon cœur est morfondu comme le passereau.

Et, miné par l'ennui rongeur comme le nitre,

Je m'accoude en grinçant devant mon vieux bureau ;

Mais ma plume se cabre et refuse le trot,

Si bien que je m'endors le nez sur mon pupitre,

Par ce temps pluvieux qui fait pleurer ma vitre.

XCII

MA VIELLE CANNE

Ma vieille canne au bout ferré,
Tu supportes ma lassitude !
Avec toi, pas d'inquiétude
Où que mon pied soit empêtré !

Quand, pâle comme un déterré,
Je marche dans la solitude,
Ma vieille canne au bout ferré,
Tu supportes ma lassitude.

Aussi longtemps que je vivrai,

A toi ma franche gratitude !

Si pleine de sollicitude,

Tu guides mon pas effaré.

Ma vieille canne au bout ferré

XCIII

LE FEU FOLLET

Le petit feu follet qui danse devant moi,
A l'air trop gracieux pour être un mauvais guide.
Je ne lui prête aucune intention perfide,
Et je crois sa lueur pleine de bonne foi.

Rebrousser chemin? non! me défier? pourquoi?
C'est ma route, et d'ailleurs le sol n'est pas humide.
Le petit feu follet qui danse devant moi
A l'air trop gracieux pour être un mauvais guide.

Et, marchant au lointain roulement d'un convoi,

J'abandonne mon âme à son rêve morbide

Quand je plonge à mi-corps dans un bourbier liquide :

Et plus j'enfonce, plus il raille mon effroi,

Le petit feu follet qui danse devant moi!

XCIV

LE SOLITAIRE

Au sommet de la tour étrange
Habite un énorme crapaud.
— Qui peut t'avoir porté si haut ?
Est-ce un diable, ou bien est-ce un ange ?

— As-tu donc trouvé dans la fange
La puissante aile du gerfaut ?
Au sommet de la tour étrange
Habite un énorme crapaud.

— Ne crains pas que je te dérange !
Et, que tu sois bête, ou suppôt
De Satan, suinte à pleine peau,
Heureux comme un rat dans sa grange,
Au sommet de la tour étrange.

XCV

LA LOUTRE

Bâillez donc à fleur d'eau, vieilles carpes d'étang,
Puisque j'ai résolu d'exterminer la loutre.
Je viens de décrocher mon fusil de sa poutre
Pour vous sauver la vie, à vous que j'aime tant.

Je m'embusque et j'épie, ému, le cœur battant
Vite et fort sous l'habit de chasseur qui m'accoutre.
Bâillez donc à fleur d'eau, vieilles carpes d'étang,
Puisque j'ai résolu d'exterminer la loutre.

La voici près du bord, elle va furetant...
Oh! la gueuse! elle est ronde et pleine comme une outre.
Visons bien! car je veux la percer d'outre en outre...
Et je tire! Elle roule!... Oh! que je suis content!
Bâillez donc à fleur d'eau, vieilles carpes d'étang!

XLVI

MES GIROUETTES

Elles grincent, mes girouettes,
Sur le pauvre toit en lambeaux.
Tous les arbres, grands et nabots,
Ont de lugubres silhouettes !

Dans la saison des alouettes,
Quand les cieux dorment sans flambeaux,
Elles grincent mes girouettes
Sur le pauvre toit en lambeaux.

Comme elles font des pirouettes
Dès que les jours ne sont plus beaux !
Le matin, avec les corbeaux,
Et le soir, avec les chouettes,
Elles grincent mes girouettes !

XCVII

LA MORTE

Je viens d'enterrer ma maitresse,
Et je rentre, au déclin du jour,
Dans ce gîte où la mort traîtresse
A fauché mon dernier amour.

En m'en allant au cimetière
Je sanglotais par les chemins,
Et la nature tout entière
Se cachait le front dans les mains.

Oh ! oui ! la nature était triste
Dans ses bruits et dans sa couleur :
Pour un jour, la grande Égoïste
Se conformait à ma douleur.

La prairie était toute pleine
De corneilles et de corbeaux,
Et le vent hurlait dans la plaine
Sous des nuages en lambeaux :

Roulant des pleurs sous ses paupières
Un mouton bêlait dans l'air froid,
Et de la branche au tas de pierres
L'oiseau volait avec effroi.

L'herbe avait un frisson d'alarme,
Et, le long de la haie en deuil
Où tremblotait plus d'une larme,
Mon chien aboyait au cercueil.

Et, comme moi, soleil, fleur, guêpe,
Tout ce qui vole, embaume, ou luit,
Tout semblait se voiler d'un crêpe,
Et le jour était plein de nuit.

Donc, j'ai vu sa bière à la porte
Tandis que l'on sonnait son glas!...
Et maintenant, la pauvre morte
Est dans la terre! hélas! hélas!

En vain, j'évoque la magie
D'un être qui m'était si cher,
Et mon corps à la nostalgie
Épouvantable de sa chair ;

Ce n'est qu'en rêve que je touche
Et que j'entends et que je vois
Ses yeux, son front, ses seins, sa bouche
Et la musique de sa voix!

Matins bleus, jours gais, nuits d'extase,
Colloque à l'ombre du buisson
Où le baiser coupait la phrase
Et qui mourait dans un frisson.

Tout cela, chimères et leurre,
Dans la mort s'est évaporé !
Et je me lamente et je pleure
A jamais farouche et navré.

Je crois voir sa tête sans joue !
Horreur ! son ventre s'est ouvert :
Oh ! dans quelques jours qu'elle boue
Que ce pauvre cadavre vert !

Sur ses doigts et sur son cou roides
Pleins de bagues et de colliers,
Des bêtes gluantes et froides
Rampent et grouillent par milliers.

Oui, ce corps, jalousie atroce !
Aliment de mes transports fous.
C'est maintenant le ver féroce
Qui le mange de baisers mous.

Sa robe, son coussin de ouate,
Ses fleurs, ses cheveux, son linceul
Moisiront dans l'horrible boite.
Son squelette sera tout seul.

Hélas ! le squelette lui-même
A la fin se consumera,
Et de celle que mon cœur aime
Un peu de terre restera.

Quel drame que la pourriture
Fermentant comme un vin qui bout !...
Pièce à pièce, la créature
Se liquéfie et se dissout.

Mes illusions? renversées!

Mon avenir? anéanti!

Entre quatre planches vissées

Tout mon bonheur s'est englouti.

XCVIII

LE LAMENTO DES TOURTERELLES

Par les ombres du crépuscule
Et sous la lune de minuit,
Qu'elle tristesse au fond du bruit
Que la campagne inarticule,
Et comme alors il vous poursuit
De la ravine au monticule,
Ce râle exhalé par l'ennui
    Des tourterelles!

L'arbre s'effare et gesticule

Aussi vaguement qu'il bruit :

Dans l'herbe un frisson brun circule ;

L'eau n'est plus qu'un brouillard qui luit.

Et le vent tiède véhicule

A l'écho qui le reproduit

Le roucoulement minuscule

  Des tourterelles !

Et moi, que la douleur conduit,

Je mêle à ces voix de la nuit

Ma plainte horrible où s'inocule

Tout le regret du temps qui fuit

Et du passé qui se recule.

XCIX

OÙ VAIS-JE?

Sur les petits chênes trapus
Voici qu'enfin las et repus
Les piverts sont interrompus
    Par les orfraies.
A cette heure, visqueux troupeaux,
Les limaces et les crapauds
Rampent allègres et dispos
    Le long des haies!

Enfin l'ombre ! le jour a fui.
Je vais promener mon ennui
Dans la profondeur de la nuit
    Veuves d'étoiles !
Un vent noir se met à souffler.
Serpent de l'air, il va siffler,
Et mes poumons vont se gonfler
    Comme des voiles.

Au fond des grands chemins herbeux,
Çà et là troués et bourbeux,
J'entends les taureaux et les bœufs
    Qui se lamentent,
Et je vais, savourant l'horreur
De ces beuglements de terreur,
Sous les rafales en fureur
    Qui me tourmentent !

Sur des sols mobiles et mous,
Espèces de fangueux remous,
Je marche avec les gestes fous
 Des maniaques!
Où sont les arbres? je ne vois
Que les yeux rouges des convois
Dont les sifflements sont des voix
 Démoniaques.

Hélas! mon pas de forcené
Aura sans doute assassiné
Plus d'un crapaud pelotonné
 Sur sa femelle!
Oh! oui, j'ai dû marcher sur eux,
Car dans ce marais ténébreux
J'ai sentis des frissons affreux
 Sous ma semelle.

Et je marche ! Or, sans qu'il ait plu,
Tout ce terrain n'est qu'une glu ;
Mais le vertige a toujours plu
    Au cœur qui souffre !
Et je m'empêtre dans les joncs,
Me cramponnant aux sauvageons
Et labourant de mes plongeons
    L'ignoble gouffre !

Sous le ciel noir comme un cachot,
Crinière humide et crâne chaud,
Je m'avance en parlant si haut
    Que je m'enroue.
Suis-je entré dans un cul-de-sac ?
Mais non ! après de longs flic-flac
Je finis par franchir ce lac
    D'herbe et de boue

Les chiens ont comme les taureaux
Des ululements gutturaux !
Pas une lueur aux carreaux
    Des maisons proches !
N'importe ! je vais m'enfournant
Dans la nuit d'un chemin tournant
Et je clopine maintenant
    Parmi des roches.

Où vais-je ? comment le savoir ?
Car c'est en vain que pour y voir
Je ferme et j'ouvre dans le noir
    Mes deux paupières !
Terre et Cieux, coteau, plaine et bois
Sont ensevelis dans la poix,
Et je heurte de tout mon poids
    De grandes pierres !

Les buissons sont si rapprochés
Qu'à chaque pas sur les rochers
Mes vêtements sont accrochés
    Par une ronce.
Derrière, devant, de travers,
Le vent me cravache ! oh ! quels vers
J'ébauche dans ces trous pervers
    Où je m'enfonce !

La rocaille devient verglas,
Tenaille, scie, et coutelas !
Je glisse, et le mince échalas
    Que j'ai pour canne
Craque et va se casser en deux...
Mais toujours mon pied hasardeux
Rampe, et je dois être hideux
    Tant je ricane !

Et je tombe, et je retombe ! oh !
Ce chemin sera mon tombeau !
Un abominable corbeau
  Me le croasse !
Sur mon épaule, ce coup sec
Vient-il d'une branche ou d'un bec ?
Et dois-je aussi lutter avec
  L'oiseau vorace ?

Bah ! je marche toujours ! bravant
Les pierres, la nuit et le vent !
J'affrontais bien auparavant
  La vase infecte !
Où que j'aventure mon pied
Je trébuche à m'estropier...
Mais dans ce rocailleux guêpier
  Je me délecte !

Rafales, ruez-vous sans mors !
Ronce, égratigne ; caillou, mords !
Nuit noire comme un drap des morts,
    Sois plus épaisse !
Je ris de votre acharnement,
Car l'horreur est un aliment
Dont il faut qu'effroyablement
    Je me repaisse !...

FIN

TABLE DES MATIÈRES

      I. Fuyons Paris.................................... 3
     II. A travers champs................................ 10
    III. La lune.. 17
    IV. La petite couturière............................ 22
     V. Le petit chien.................................. 29
    VI. Les gardeuses de boucs.......................... 35
   VII. Mon épinette................................... 39
  VIII. Le chemin aux merles........................... 42
    IX. Les petits taureaux............................. 45
     X. La mare aux grenouilles......................... 52
    XI. Le champ de chardons........................... 57
   XII. Le petit fantôme............................... 62
  XIII. La confidence.................................. 67
  XIV. La promenade champêtre.......................... 70
   XV. Les cheveux..................................... 76
  XVI. Le remords..................................... 81
 XVII. Le pacage...................................... 85
XVIII. Les bottines d'étoffe........................... 90
  XIX. Le fantôme d'Ursule............................ 95
   XX. La neige....................................... 97
  XXI. La vache...................................... 100
 XXII. Nuit fantastique.............................. 102
XXIII. La gueule..................................... 105
 XXIV. Les vieux chevaux............................. 106
  XXV. Le bœuf....................................... 108
 XXVI. La ruine maudite.............................. 110
XXVII. Les arbres.................................... 112
XXVIII. Le crapaud................................... 116

TABLE DES MATIÈRES.

XXIX.	La laveuse.	121
XXX.	La délivrance	127
XXXI.	La petite gardeuse d'oies	129
XXXII.	Dans l'étable	131
XXXIII.	Les conseillers municipaux	133
XXXIV.	La sieste	135
XXXV.	La mort du cochon	137
XXXVI.	Le convoi funèbre	139
XXXVII.	Les dindons	141
XXXVIII.	Le lézard	143
XXXIX.	La vipère	145
XL.	L'écrevisse	147
XLI.	La bouchère	149
XLII.	Le ver luisant	151
XLIII.	L'amazone	153
XLIV.	L'écureuil	155
XLV.	L'horloge	157
XLVI.	Le pivert	159
XLVII.	La jeune pintade	161
XLVIII.	La cuisinière	163
XLIX.	Le jambon	165
L.	La belle porchère	167
LI.	La tricoteuse	169
LII.	La bourrique	171
LIII.	Le lièvre	173
LIV.	Le petit coq	175
LV.	Le chasseur en soutane	177
LVI.	Les châtaignes	179
LVII.	Le touriste	181
LVIII.	Le petit chalet	183
LIX.	Ma vieille pipe	185
LX.	Les margots	187
LXI.	Mes pipes	189
LXII.	Le soliloque d'un menuisier	192
LXIII.	Le pêcheur à la ligne	194
LXIV.	Le facteur rural	196
LXV.	Les demoiselles	198
LXVI.	La rainette	200
LXVII.	La chèvre	202
LXVIII.	Le cabriolet	204
LXIX.	La fille aux pieds nus	206
LXX.	La chanson de la perdrix grise	208

LXXI. Les babillardes	210
LXXII. Le petit renardeau	212
LXXIII. Les mauvais champignons	214
LXXIV. Le chien enragé	216
LXXV. La locomotive	218
LXXVI. Les chauves-souris	220
LXXVII. Retour de foire	222
LXXVIII. La jarretière	224
LXXIX. Le rat	226
LXXX. Le champ du diable	228
LXXXI. La vieille croix	230
LXXXII. Les deux petits frères	232
LXXXIII. Le chat-huant	234
LXXXIV. Les corbeaux	236
LXXXV. L'hôte suspect	238
LXXXVI. Le cimetière	240
LXXXVII. L' rebouteux	242
LXXXVIII. Le pâtre	244
LXXXIX. Les deux loups	246
XC. Les cloportes	248
XCI. La pluie	250
XCII. Ma vieille canne	252
XCIII. Le feu follet	254
XCIV. Le solitaire	256
XCV. La loutre	258
XCVI. Mes girouettes	260
XCVII. La morte	262
XCVIII. Le lamento des tourterelles	268
XCIX. Où vais-je ?	270

FIN DE LA TABLE DES MATIÈRES

Paris. — Imp. E. Capiomont et V. Renault, rue des Poitevins, 6

BIBLIOTHÈQUE-CHARPENTIER

13, RUE DE GRENELLE-SAINT-GERMAIN, 13, PARIS

à 3 fr. 50 le volume.

(EXTRAIT DU CATALOGUE)

POÈTES CONTEMPORAINS

ALFRED DE MUSSET

Premières Poésies . . . . . 1 vol. | Poésies nouvelles . . . . . 1 vol.
Œuvres posthumes . . . . 1 vol.

THÉOPHILE GAUTIER

Poésies complètes . . . . . 1 vol. | Émaux et Camées . . . . . 1 vol.

SAINTE-BEUVE

Poésies complètes . . . . . 1 vol.

Mme DESBORDES-VALMORE

Poésies . . . . 1 vol.

PHILOTHÉE O'NEDDY

Poésies posthumes . . . . . 1 vol.

ALPHONSE DAUDET

Les Amoureuses . . . . . . 1 vol.

ANDRÉ LEMOYNE

Les Charmeuses . . . . . . 1 vol.

HENRI CANTEL

Les Poèmes du Souvenir . . 1 vol.

ARMAND SILVESTRE

Poésies . . . . 1 vol.
La Chanson des Heures . . 1 vol.
Les Ailes d'or . . . . 1 vol.

JEAN AICARD

Poèmes de Provence . . . . 1 vol.
Miette et Noré . . . . 1 vol.

LUCIEN PATÉ

Poésies . . . . 1 vol.

JULES BRETON

Jeanne . . . . 1 vol.

GUY DE MAUPASSANT

Des Vers . . . . 1 vol.

MISTRAL

Mirèio . . . . 1 vol.

Mlle LOUISE BERTIN

Nouvelles Glanes . . . . . . 1 vol.

GUSTAVE MATHIEU

Parfums, Chants et Couleurs. 1 vol.

THÉODORE DE BANVILLE

POÉSIES COMPLÈTES

Les Cariatides . . . . 1 vol.
Les Exilés . . . . 1 vol.
Odes funambulesques . . . . 1 vol.
Comédies . . . . 1 vol.

MAURICE BOUCHOR

Les Chansons joyeuses . . . 1 vol.
Les Poèmes de l'Amour et
de la Mer . . . . 1 vol.
Le Faust moderne . . . . . 1 vol.
Contes parisiens en vers . . 1 vol.

EMMANUEL DES ESSARTS

Poèmes de la Révolution . . 1 vol.

MAURICE MONTÉGUT

Lady Tempest . . . . 1 vol.

CHARLES DE LOVENJOUL

Le Rocher de Sisyphe . . . 1 vol.

RAOUL LAFAGETTE

Les Aurores . . . . 1 vol.

GEORGES NARDIN

Les Horizons bleus . . . . . 1 vol.

www.ingramcontent.com/pod-product-compliance
Lightning Source LLC
Chambersburg PA
CBHW070540160426
43199CB00014B/2304